Amalia Sdroulia

**Die Sprache auf die
Bühne bringen**

Amalia Sdroulia

Die Sprache auf die Bühne bringen

**Spracherwerb durch Theaterspiel
und Szenisches Schreiben
am Beispiel von Zweitsprachenlernenden
in den Integrationskursen**

Tectum Verlag

Amalia Sdroulia

Die Sprache auf die Bühne bringen. Spracherwerb durch Theaterspiel und Szenisches Schreiben am Beispiel von Zweitsprachenlernenden in den Integrationskursen
© Tectum – ein Verlag in der Nomos Verlagsgesellschaft, Baden-Baden 2018

ISBN: 978-3-8288-4158-1
E-PDF: 978-3-8288-7095-6
ePub: 978-3-8288-7096-3

Stückkonzept, theaterpädagogische Umsetzung, Regie und Dramaturgie: Susanne Theis
Fotografische Dokumentation der Probenarbeit, Herstellung DVD und Fotomaterial, Fotograf bei Proben und Theateraufführung: Konstantinos Tsiompanidis
Technische Umsetzung, Filmische Dokumentation der Probenarbeit, Kameraarbeit, Herstellung CD, Tontechnik bei Proben und Theateraufführung: Abdoll Rahim Ghahramani

Umschlagabbildung: © Konstantinos Tsiompanidis
Druck und Bindung: Docupoint, Barleben
Printed in Germany
Alle Rechte vorbehalten

Besuchen Sie uns im Internet
www.tectum-verlag.de

Bibliografische Informationen der Deutschen Nationalbibliothek
Die Deutsche Nationalbibliothek verzeichnet diese Publikation in der Deutschen Nationalbibliografie; detaillierte bibliografische Angaben sind im Internet über http://dnb.d-nb.de abrufbar.

Dank

Der Jury des 9. Ideenwettbewerbs des GESELLSCHAFTSFONDS ZUSAMMEN LEBEN der Landeshauptsdadt Hannover danke ich herzlich für die finanzielle Förderung des Forschungsprojektes „Die Sprache auf die Bühne bringen". Bei der Kuratorin, Dr. Koralia Sekler, bedanke ich mich von ganzem Herzen für ihre Beratung bei der Antragstellung und ihre freundliche Unterstützung im Projekt.

Ich bedanke mich besonders bei der AWO Region Hannover e.V. für die Begleitung und Organisation des Projektes, für die Bereitstellung der Räumlichkeiten, wo die Theaterproben stattfanden, sowie für die technische Ausstattung. Der Leiterin der Familienbildung, Beate Kopmann, danke ich herzlich für Ihre freundschaftliche Mitarbeit am Projekt.

Dem Verein für Integration und Bildung (VIB) Hannover, dem LEB in Niedersachsen e.V., der Internationalen Bibliothek Hannah Arendt Hannover und dem THEATER in der LIST e.V. danke ich sehr für die Zusammenarbeit und das Vertrauen in das Gelingen dieses Forschungsprojektes.

Der Theaterpädagogin Susanne Theis danke ich herzlich für ihre inspirierende, theaterpädagogische Zusammenarbeit, ihre szenischen Ideen und Schreibaufträge bei der Entwicklung der Theatercollage auf der Bühne. Ihre Praxisansätze haben den Spielern geholfen, ein tolles Bühnenprogramm aufzustellen und das Publikum somit zu begeistern.

Meiner Kollegin und DAZ Lehrerin Paola Bergmann Aranguren möchte ich zutiefst für ihre ehrenamtliche Unterstützung im Projekt, die inspirierenden Diskussionen mit den Schülern über die Funktionen der Theaterszenen, die Wirkung auf das Publikum und insbesondere für das Lektorat danken.

Dem Fotografen Konstantinos Tsiompanidis danke ich herzlich in tief empfundenem Respekt für die wunderbaren Fotos und die inspirierende DVD dieses Buches.

Dank

Abdoll Rahim Ghahramani danke ich herzlich für die wunderbare technische und musikalische Begleitung des Theaterprojektes, die professionelle Erstellung des Flyers sowie die filmische Unterstützung für meine Datenanalyse.

Bei meinem guten Freund Dominik Pusback bedanke ich mich von ganzem Herzen für sein ehrenamtliches Engagement, sein Lektorat, seine kritische Denkweise, das Layout und die umsichtige, formale Bearbeitung des Manuskriptes. Er hat mich immer emotional unterstützt und war für mich ein guter Berater und eine Inspiration.

Meinen außerordentlichen Dank widme ich den Schülern aus den Integrationskursen und den Spielern im Theater für ihre wunderbaren selbst geschriebenen szenischen Texte und ihre fantastische Bühnenarbeit. Hierbei möchte noch einmal hervorheben, dass ohne ihre herrliche Zusammenarbeit, Inspiration, Offenheit, Kreativität, ihr Vertrauen, ihren Rückhalt und ihre in jeder Hinsicht bewiesene Geduld dieses Buch nicht möglich gewesen wäre.

Mein besonderer Dank gilt meinen Eltern und meiner Schwester für ihren Rückhalt, ihre Anteilnahme und für ihre in jeder Hinsicht bewiesene Geduld, Liebe und vieles mehr.

Amalia Sdroulia

Aus Gründen der besseren Lesbarkeit habe ich lediglich die männliche Leseform verwendet. Selbstverständlich bezieht sich das geschriebene Wort in meinem Buch geschlechtsunabhängig auf beide Geschlechter, werte Leserinnen und Leser.

Projektkonzeption und -planung, Herausgeber- und Autorschaft – Dr. Amalia Sdroulia

Dr. Amalia Sdroulia wurde 1973 in Larisa, Griechenland geboren. Nach einer Ausbildung in Griechenland zur Journalistin studierte sie 1996-2003 Deutsche Sprachwissenschaft in Kombination mit Politischer Wissenschaft an der Universität Hannover und 2005-2010 promovierte sie als Stipendiatin der Onassis-Stiftung. Sie lehrte und forschte an unterschiedlichen Universitäten und Hochschulen in Deutschland, Leibniz Universität Hannover, Stiftung Universität Hildesheim, Technische Universität Chemnitz, Universität Koblenz, Pädagogische Hochschule Schwäbisch Gmünd, Hochschule Harz. Sie nimmt oft an internationalen Konferenzen in Deutschland, Finnland, Österreich, Ungarn, Griechenland etc. teil, bei denen sie den kollegialen Austausch sucht und ihre aktuellen Arbeiten vorstellt.

Zurzeit arbeitet sie im Fachsprachenzentrum Leibniz Universität Hannover im Bereich Deutsch als Fremdsprache und als freie Dozentin für Deutsch und Politische Bildung.

2016-2017 ist sie als Preisträgerin für das GFZ-Projekt „*Die Sprache auf die Bühne bringen*" von der Landeshauptstadt Hannover im Rahmen des 9. Ideenwettbewerbs gefördert worden. Ihre Lehr- und Forschungsschwerpunkte sind *Deutsch als Fremdsprache/Zweitsprache, Al-*

phabetisierung, Deutsch für den Beruf, Szenisches Schreiben & Theater, Kreative Grammatik, Politische Bildung, Sprachenpolitik, Gender, Medien, Interkulturelle Kommunikation. Parallel publiziert sie wissenschaftlich und literarisch als Autorin. Sie möchte gerne zukünftig eine Kinderuniversität für Kinder ohne Eltern gründen.

Vorwort

Liebe Leser,

das vorliegende Buch ist ein Praxisbeispiel für alle Integrationslehrer, die in der Bundesrepublik Deutschland in den vom BAMF (Bundesamt für Migration und Flüchtlinge) finanziell geförderten Integrationskursen unterrichten und die mit kreativer Spracharbeit durch Szenisches Schreiben, Theater und Musik ein bewusstes und flexibles Sprach- und Grammatiklernen vermitteln wollen, das die Fantasie und Selbstständigkeit der Zweitsprachenlernenden unterstützt, sodass diese einen gewissen Schreibstil und sichere Ausdruckskompetenz erwerben. Für dieses Buch sind Übungen ausgedacht worden, die die Schüler mit theaterpädagogischer und sprachlicher Unterstützung aus ihren alltäglichen Herausforderungen, biografischen Momenten, Episoden und ihrer individuellen Einbildungskraft entwickelt haben. Die Kapitel dieses Buches beziehen sich auf Jugendliche und Erwachsene aus den Integrationskursen, lassen sich aber natürlich auch durchgängig auf die Arbeit mit vielen fremdsprachlichen Gruppen, Kindern, Schülern, Studenten übertragen bzw. entstehen teilweise aus der Zusammenarbeit mit ihnen.

Warum heißt es „Die Sprache auf die Bühne bringen?" Es geht um ein Buchprojekt, das im Rahmen des 9. Ideenwettbewerbs des GESELLSCHAFTSFONDS ZUSAMMEN LEBEN der Landeshauptstadt Hannover für den Zeitraum vom Oktober 2016 bis März 2018 gefördert wurde. Mit dem Titel „Die Sprache auf die Bühne bringen" habe ich mich beworben. Meine Grundidee basierte auf persönlichen Erlebnissen vor 22 Jahren, während ich mit dem Studium der Germanistik und der Politikwissenschaft in Deutschland begann. Damals entwickelte ich als Studentin und Nichtmuttersprachlerin aus Griechenland eine autodidaktische Methode, um mein Studium erfolgreich abzuschließen. Ich verfasste selbst Bühnen- und Theatersketche, basierend auf meiner Autobiografie, alltäglichen Konfrontationen und dem griechischen ‚Theater' (z. B. Aristophanes, Aischylos, Sophokles). Das griechische Theater hat mein Leben schon früh, während meiner Schulzeit, sehr stark beeinflusst, da es Bestandteil des griechischen Sprachunterrichts war. Ein wichtiger Fokus, den ich mir damals als Studentin in Deutschland setzte, war es, Literatur und Theater in deutscher Sprache zu lesen. In meiner Freizeit schrieb ich kleine deutschsprachige Komödien und Tragödien als Bühnenstücke und inszenierte sie vor dem Spiegel in meinem Wohnzimmer. Somit entwickelte ich eine autodidaktische Lernstrategie und übte für alle Prüfungen an der Universität. So konnte ich die Primärgrammatik durch sprachliche Routinen, Redewendungen und komplette Satzteile der deutschen Sprache sowie durch Szenisches Schreiben erwerben. Eine Inszenierung dieser selbst geschriebenen Bühnenstücke traute ich mir damals nicht zu. Ich habe sie aber in Hausarbeiten an der Universität verwendet.

Beim Unterrichten der deutschen Sprache als DAZ-Dozentin wurden mir die Probleme beim Erlernen der deutschen Sprache deutlicher und bewusster und aus diesem Grund wollte ich meinen Schülern aus den Integrationskursen meine autodidaktische Lernmethode beibringen. Ich ging sogar mit ihnen noch einen Schritt weiter: Ich beschloss, meine Schüler auf die Bühne zu bringen, was ich damals als Studentin selbst nicht schaffte. Aus dem Grund bewarb ich mich im Rahmen dieses 9. Ideenwettbewerbs und wurde von der Jury ausgewählt. Da ich keine theaterpädagogischen Kenntnisse hatte, war es erforderlich, durch eine Theaterpädagogin das ganze Projekt begleiten und den Schülern die Grundlagen des Theaters beibringen zu lassen. Ich beobachtete immer den Theaterunterricht, der von der Theaterpädagogin durchgeführt wurde, und half ständig den Schülern beim Szenischen Schreiben, Üben und Inszenieren. Nach einem Jahr Theaterüben, Theaterproben und Deutschlernen fand eine Theateraufführung statt. Anschließend verfasste ich als Projektideengeberin und Projektleiterin dieses Buch mit Hilfe theaterpädagogischer und sprachwissenschaftlicher Methoden. Die Texte, die ich in diesem Buch verwende, sind selbst von den Schülern geschrieben und die Regie der Theatercollage wurde von der Theaterpädagogin übernommen. Diskussionen mit den Schülern und mit mir über die Funktion und Wirkung des Szenischen Schreibens und Theaterspielens auf das Deutschlernen hat eine DAZ-

Kollegin geleitet. Somit möchte ich Ihnen, liebe Leser figurative und greifbare Hilfestellungen für Ihre Integrationskurse an die Hand geben.

Während Schüler Werke für die Bühne schrieben und diese auf der Bühne spielten, verarbeiteten sie den ‚Input' und setzten Spracherwerbsprozesse in Gang. Szenisches Schreiben versetzte sie prinzipiell in eine gelockerte Konzentration, förderte ihre instinktiven Gedankenverknüpfungen und festigte ihre eigene Autonomie. Das Inszenieren brachte sie näher zueinander. Es entstanden Teamgeist, Vertrauen, Optimismus, zudem erwarben die Teilnehmer Kenntnisse über Improvisieren, Inszenierungs- und Gestaltungsprozesse und Handwerk sowie verbale und nonverbale Kommunikationsarbeit. Ich würde noch dazu sagen, dass Szenisches Schreiben und Inszenieren einen therapeutischen, positiven Charakter für die Schüler hatten, da die meisten sehr stark traumatisiert aus Kriegsgebieten (Syrien, Irak und Iran) kamen. Durch ihre Erinnerungen konnten sie die ‚Sprache des Instinktiven' entwickeln, reflektieren lassen und Lösungen ausprobieren.

Wie erreichen Sie es als Deutschlehrer in den Integrationskursen den Schülern innerhalb eines Jahres zu einer erfolgreichen Bühnendarstellung zu verhelfen? Wie vermitteln Sie die deutsche Sprache durch Schauspiel und Szenisches Schreiben in einem Zeitrahmen von zwölf Monaten und in acht fünfstündigen Wochenendworkshops und stellen dabei Theater, Sketche und Theatercollagen auf die Beine? Während der Proben und auf der Bühne passierte etwas unglaublich Schönes und Anziehendes. Was dort geschah, werden Sie nur selbst mit Ihren Schülern und am Tag der Premiere mit den Zuschauern erleben. Ich wünsche Ihnen von ganzem Herzen viel Begeisterung bei Ihrem unterhaltsamen Abenteuer und einen enthusiastischen Applaus!

Amalia Sdroulia

Inhaltsverzeichnis

KAPITEL I 17

1. **Vor dem Einstieg in die Bühnenarbeit** 18
   - 1.1 Allgemeiner Ratgeber zur Organisation 18
     - Rituale 18
     - Enthusiasmus – Leidenschaft 19
     - Zuverlässigkeit – Ordnung 19
     - Konzentration – Aufmerksamkeit 20
     - Termine – Anwesenheitsliste – Telefon-, E-Mail- und WhatsApp-Verteiler – Probentagebuch 20

KAPITEL II 21

2. **Einstieg in die Bühnenarbeit** 21
   - 2.1 Die Basis des Theaterspielens 21
     - Welche Bedeutung hat Improvisation? 21
     - Impro-Übung 22
     - Reflexion 25
     - Die Zuschauerrolle 25
   - 2.2. Körperausdruck – Körpersprache 26
     - Standbildübung 26
     - Zeitlupenübung 29
   - 2.3. Sprechhandlung 31
     - Kreative Sprechhandlung 31
     - Artikulation – Bühnenlautstärke 31
     - Artikulations- und Bühnenlautstärkeübung 32
   - 2.4. Auftritts- und Abgangspositionen 35
     - Große Auftrittsübung 35
   - 2.5. Rhythmus 38
     - Rhythmusübung 38

KAPITEL III 41

3. Szenisches Schreiben, Dramaturgie, Inszenieren 41
    3.1   Geschichten erfinden und schreiben.................................... 41
           Biografieschreibbübung 42
    3.2   Mit „chunks" schreiben und kommunikative Grammatik erwerben 45
           Chunksübung 46
    3.3   Der dramaturgische Aufbau und die Inszenierung 48
           Regie-, Dramaturgie- und Inszenierungsübung........................ 48
    3.4.   Tag der Premiere 58

KAPITEL IV 59

4. Sprachlernbiografien.. 59

KAPITEL V 69

5. Ergebnisse 69
           Bezug zu Inhalten des lokalen Integrationsplans (LIP) 72

6. Literaturverzeichnis 73

7. Mitwirkende im Buch... 75

8. Weitere Publikationen im Tectum Verlag.................................. 85

KAPITEL I

Vor dem Einstieg in die Bühnenarbeit
Was muss ich beachten, wenn ich das Projekt starten will? Wie bringe ich die Gruppe dazu, ein „Wir-Gefühl" zu erzeugen? Aller Anfang ist bekanntlich schwer. Mit diesen Tipps wird es Ihnen leichter fallen, den Einstieg zu meistern!

1. Vor dem Einstieg in die Bühnenarbeit

1.1 Allgemeiner Ratgeber zur Organisation

Zu Beginn des Theaterprojektes wurden die Schüler ermutigt, keinerlei Angst vor Fehlern zu haben. Es wurde ihnen sogar geraten, falsch zu spielen, den Text zu vergessen, sich bei Bühnenpannen locker zu fühlen und lachend weiter zu machen.

Dieser charakteristische Appell half den Schülern, sich zu entspannen und aus Fehlern zu lernen. Solche Erfahrungen waren sogar sehr produktiv, da die Spieler daran wuchsen und bei der nächsten Probe beeindruckend viel weiter kamen als zuvor. Jedes Mal, wenn sie Angst davor hatten, auf der Bühne *sich selbst* zu zeigen, wurden sie lachend, witzig und freundlich von der Gruppe gelobt. Die Spieler unterstützten sich gegenseitig, aufrichtig, offen und sensibel. Jedes Mal, wenn eine Ausdrucksart bei der Szene nicht funktionierte, diskutierten wir alle zusammen über die problematische Darstellung und entweder suchten wir nach neuen Entwürfen oder verabschiedeten uns von dieser Szene. So entwickelten wir als Gruppe ein Vertrauensgefühl zueinander zum couragierten Ausprobieren bei der Bühnenarbeit.

Was ich während der Proben beobachtet habe, ist, dass die Spieler langsam zu kreativen Akteuren verzaubert wurden, da sie spielerische Vorschläge untereinander machten, neue Ideen beim Improvisieren entwickelten und sich stärker mit ihren selbst geschriebenen Stücken identifizierten, besonders wenn ihre Stücke autobiografisch über ihr Leben, ihre traumatisierten Erlebnisse, ihre tiefen Wünsche und Fantasien erzählten.

Alle Spieler waren stolz darauf, dass sie Sketche und Theatercollagen entwickelten, auf die sie im Alltagsleben niemals gekommen wären.

Rituale

Ein bemerkenswerter Bestandteil der Bühnenarbeit sind Rituale. In unseren Theaterproben sind Rituale erst einmal in Form einer Begrüßungsrunde durchgeführt worden, bei der ausgetauscht wurde, wie es den Spielern ging, ob sie neue Ideen zur Bühnencollage hatten, ob es offene Fragen bezüglich der Arbeitsziele gab. Yoga-Übungen, das Anhören eines Musikstückes oder Aufwärmübungen ließen auch die Spieler ihre Alltäglichkeit vergessen, bereiteten ihren Körper und ihre Stimme auf die Theaterbühnenarbeit vor und ließen Platz für Kreativität entstehen.

Durch eine Reflexion über das Ergebnis einer Probe machten die Spieler sich Gedanken über das Erlernte, stellten offene Fragen und klärten Arbeitsziele. Außerdem konnten sie konstruktive und nützliche Vorschläge einbringen und sich gegenseitig helfen.

Enthusiasmus – Leidenschaft

Wir hatten sehr viel Spaß, Freude und Lust in der Gruppe. Das war der Grund, dass die Spieler schnell ans Ziel kamen. Sie übten entspannt vertrauensvoll und dynamisch. Manche Spieler betrachteten die Übungen als Herausforderung, andere als uninteressant und ausdruckslos. Sie wurden jedoch nicht gezwungen, eine Übung mitzumachen, wenn sie sich unwohl bei dieser Übung fühlten. Es gab Spieler, die eine Szene improvisierten. Bei der Improvisation fühlte sich manchmal einer von den Darstellern dabei nicht wohl und sagte: „Ich kann diese Rolle nicht spielen." Das wurde natürlich respektiert und entweder änderten wir die Szene oder verabschiedeten uns komplett von ihr.

Theater ist lebendig. Deshalb durften die Spieler riskieren, *sich selbst auf der Bühne zu präsentieren*. Wenn sie verrückte Ideen hatten, mit denen sie sich wohl und authentisch fühlten, wurden auch diese verrückten Ideen und Fantasien gestärkt. Es war wichtig, dass die Akteure sich in jeder Szene wiederfinden konnten. Eine Fremdbestimmung der Akteure auf der Bühne war nicht erwünscht. Zutrauen und Freundlichkeit halfen ihnen, alles zu geben, um Anerkennung und Lob zu erhalten. Talente und Begabungen, die die Spieler mitbrachten, wurden durch Spaß, Leidenschaft und Dynamik weiter entwickelt.

Zuverlässigkeit – Ordnung

Die Theaterbühnenarbeit machte allen Darstellern Spaß und führte langfristig zum Erfolg, wenn alle aufrichtig, korrekt und diszipliniert arbeiteten. Es gab Teilnehmer, die bei den Proben verspätet auftauchten oder ihre Texte nicht geübt und auswendig gelernt hatten. Solche Situationen wurden deutlich und offen mit allen Teilnehmern besprochen, so dass ein notwendiges Arbeitsumfeld für eine erfolgreiche Theateraufführung geschaffen werden konnte. Es war wichtig, dass alle Spieler regelmäßig kamen und pünktlich und zuverlässig waren. Wir versuchten, immer zur vereinbarten Zeit mit unseren Proben zu beginnen und nicht auf Nachzügler zu warten.

Konzentration – Aufmerksamkeit

Es war wichtig, dass sich die Spieler niemals selbst unterbrachen, pausierten oder aus einer laufenden Szene ausstiegen. Dies hätte ihre Fantasie und Kreativität gestoppt. Die Spieler sollten konzentriert und aufmerksam vom Beginn bis zum Ende einer Szene oder Übung bleiben. Zudem wurde in der Theaterbühnenarbeit enorm viel durch Konzentration und Aufmerksamkeit erlernt.

Termine – Anwesenheitsliste – Telefon-, E-Mail- und WhatsApp-Verteiler – Probentagebuch

Vor dem Einstieg in die Bühnenarbeit wurden der Gruppe alle vereinbarten Probentermine und gegebenenfalls zusätzliche Probentermine mitgeteilt. Ein Telefon- und E-Mailverteiler erwies sich als außerordentlich praktisch, da in der Regel jeder Teilnehmer über einen Internetzugang verfügte. Die Erstellung einer WhatsApp-Gruppe hielt uns in engem Kontakt, da die Teilnehmer die Chance hatten, kurzfristig dringende Mitteilungen, Informationen, Nachrichten und Aussagen schnell an die Gruppe weiterzuleiten. Ich konnte auch korrigierte Texte an die Gruppe weiterleiten oder Terminänderungen kurzfristig bekannt geben. Dies intensivierte unser Gemeinschaftsgefühl und es wurde eine freundschaftliche Atmosphäre geschaffen.

Um den Ablauf jeder Probe, alle Szenen, selbst verfasste Texte der Spieler, sowie neue Vorschläge und Entwürfe zu dokumentieren, war es sinnvoll, als Projektleiterin ein Tagebuch zu führen. So konnte ich einen Überblick über die Textsammlung und die Entwicklung der gemeinsamen Arbeit bekommen.

KAPITEL II

> **Einstieg in die Bühnenarbeit**
> *In diesem Kapitel möchte ich aufzeigen, wie Sie das Beste aus Ihren Schülern herausholen, ihnen Scheu vor der Bühne nehmen und sie stilistisch fördern. Für Inspiration ist gesorgt!*

2. Einstieg in die Bühnenarbeit

2.1 Die Basis des Theaterspielens

Der Schritt in die Bühnenarbeit bestand darin, unterschiedliche Charaktere gegenseitig zu respektieren, zu unterstützen und diese entfalten zu lassen. Bei den ersten drei Treffen entwickelte die Gruppe gegenseitiges Vertrauen. Die Teilnehmer konnten dadurch herausfinden, wer der Selbstbewusste, der Fantasievolle, der Misstrauische und der Ängstliche war. Alle lernten sich gegenseitig kennen, um die späteren Rollen überzeugend besetzen zu können. Sie gaben sich Mühe, gut und vertrauensvoll zusammenzuarbeiten, dieselbe Sprache des Theaters zu lernen sowie die Liebe zum Theaterspiel zu entdecken, um einen erfolgreichen Bühnenauftritt schaffen zu können.

Welche Bedeutung hat Improvisation?

Die Spieler improvisierten von Anfang an. Unvorhersehbare Situationen und Konflikte lösten sie spontan. Im Theater ist Improvisieren eine ausdrucksvolle Methode, um Spieler ohne Plan und ohne Konzept auf der Bühne spielen zu lassen.

„*Impro-Theater* ist *Ensemblespiel*, ist Teamarbeit. Jeder inspiriert jeden. Jeder macht Angebote, jeder geht auf Angebote ein. Keiner blockiert. Szenen sind lustig, haben *Pointen*. Szenen sind traurig, machen nachdenklich. Szenen beschreiben Konflikte oder Zustände. Szenen verlieren sich in Langeweile, steigern sich in einem *Running-Gag* oder explodieren förmlich in ihrer Dynamik." (List 2012: 14).

Die Spieler lernten im Projekt, sich durch ihre Texte oder ihre Bewegungen mit den Zuschauern zu unterhalten, sie improvisierten Alltagssituationen, sie stellten weniger hochkomplexe Situationen und schwierige Menschenbeziehungen dar. Sie boten „eine Kampfshow", wie es Volker List in seinem Buch ‚Impro-Theater' nennt, „bei der sich die Kontrahenten nicht tatsächlich bekämpfen, sie tun nur so, dies aber auf einem deutlich sichtbaren sportlichen Niveau. Es ist ein Spiel. Es obliegt dem Publikum, die Illusion anzunehmen und „mitzuspielen". Dabei beschränkt sich das *Improvisationstheater* keinesfalls auf *Stereotypien* oder *Klischees*" (ebd.).

Impro-Übung

Die Darsteller begegneten sich zu zweit. Der eine, Salim, spielte die Rolle des Chefs. Er übernahm einen übergeordneten Charakter. Der andere, Sewar, griff die Rolle des Angestellten auf. Er spielte einen untergeordneten und vom Chef abhängigen Charakter. Wir alle kennen solche Situationen von unserem Alltag. Salim war führend und dominant und gab Befehle, Sewar hörte aktiv zu, nickte, war betroffen, gab mimisch und gestisch eine deutliche Rückmeldung, dass er den Befehlen seines Chefs folgte, obwohl er ab und zu Unzufriedenheit zeigte. Er fühlte sich nämlich vom Chef ungerecht behandelt. Beide befanden sich in einem absolut gegenseitigen nicht verständnisvollen Verhältnis. Sie agierten dann in einer ungleichen Machtrollensituation. Da unser Alltagleben geprägt von familiären und beruflichen Kontexten ist, wo wir selbst Befehle geben und annehmen, waren die beiden Rollen für die Spieler einfach darzustellen. Sie improvisierten ihren Alltag, da er von Improvisationen dominiert ist. In unserer Theatercollage lief die Szene wie folgt:

2. Einstieg in die Bühnenarbeit

Sewar	„Jetzt werde ich die Stühle aufbauen, damit die Theatergruppe weiterspielen kann. Ja, für wen baue ich diese Stühle? Ich mache das für diese komische Theatergruppe, die nicht mal richtig Deutsch sprechen kann. Ja, und ich muss jetzt arbeiten und auch sogar streng, weil mein Chef mich kontrolliert und ab und zu vielleicht kommt und wenn er mich sieht, dass ich so arbeite, dann kriege ich großen Ärger. Ja, dann muss ich jetzt mit Geschwindigkeit und ehhh ich darf meinen Job nicht verlieren. Ja, ich verdiene mein Brot durch diese Stühle. Ich baue diese Stühle auf, als ob ich meine Zukunft aufbauen würde. Ja, diese süßen Stühle"
Salim	„Was ist mit dir denn? Du redest zu viel. Komm! Schneller! Fasch, falsch, falsch, was ist mit dir los?"
Sewar	„Was soll ich machen?"
Salim	„Du musst das so hier hinstellen."
Sewar	„Ich arbeite lang."
Salim	„Ja, aber du bekommst Geld dafür."
Sewar	„Das sind sogar Überstunden."
Salim	„Ja, du bekommst Geld dafür."
Sewar	„Ja, aber..." (genervt)

Salim	*„Das ist doch deine Aufgabe."*
Sewar	*„Okay, jetzt ist es fertig."*
Salim	*„Fertig jetzt."*

Eine solche Übung half den Spielern, ihre Rolle im Team bewusster wahrzunehmen. Außerdem wurden Schlüsselkompetenzen wie aktives Zuhören, Kreativität, Fantasie, Flexibilität und Autonomie geübt, die dauernd in beruflichen Zusammenhängen benötigt werden. Die Improspieler traten durch diese Übung mit Klischees in Kontakt, brachen sie, übernahmen Verantwortung für die Szene, waren aufmerksam und präsent.

Reflexion

Es war sehr sinnvoll für die Spieler, die improvisierten, nach der Darstellung mit den anderen im Plenum umfangreicher und intensiver ihre Rollen zu besprechen. Durch einen abschließenden Meinungsaustausch konnten sie reales Zusammenspiel reflektieren. Die Spieler und die anderen Akteure, die die Zuschauerrolle übernahmen, konnten das gesamte Bühnengeschehen und die Zuschauerstimmung erfassen und das Empfinden füreinander schärfen. So konnten sie selbst ihre fiktiven Geschichten überzeugender, attraktiver und offener spielen.

Die Zuschauerrolle

Die Zuschauerrolle war in unserer Theatergruppe ständig der Fokus, da die Zuschauer verschiedene Erwartungen an die Darsteller haben. Sie möchten unterhalten, angeregt und informiert werden. Sie möchten Figuren kämpfen sehen, starke Emotionen nachempfinden sowie Höhen und Tiefen menschlichen Schicksals durchleben. Sie gehen ins Theater mit der Erwartung, dass alles, was auf der Bühne passiert, an sie gerichtet ist. Aus dem Bühnengeschehen ziehen sie Schlussfolgerungen, handeln danach vergleichbar im Alltag und in einer *Katharsis (griechisch „Reinigung", aristotelische Poetik)* (vgl. Reisyan 2009) wenden sie ihre Empfindungen und Energie an. Daher wurde die Zuschauerrolle in unseren Proben niemals vernachlässigt oder vergessen. Ohne sie wäre eine Theateraufführung sinnlos.

2.2. Körperausdruck – Körpersprache

Mimik und Gestik wird im Theater aus dem Grund als wichtiger Ausdruck betrachtet, dass Körperhaltung kräftiger wirkt als gesprochenes Wort. Da Körper und Geist sich gegenseitig beeinflussen, wirkt sich die Körperhaltung auf die Gedanken und die rhetorische Ausdrucksfähigkeit aus.

Da jeder Spieler einen individuellen Körperausdruck mitbringt, ist es wichtig, dass gerade Spieler sich ihres persönlichen Körperausdrucks und Rhythmus bewusst werden, um dem Publikum Vertrauen und Zuversicht zu schenken und nicht ungewollte Botschaften zu senden, wie Christiane Hess in ihrem Buch „Theater unterrichten – inszenieren – aufführen" (vgl. 2017: 27ff.) beschreibt. Wenn ein Spieler eine wunderschöne Figur mit einem hässlichen Text spielt, so wird er mit seinem Spiel nicht authentisch auf das Publikum wirken, sondern eher ironisch, da sein Spiel widersprüchlich zu seinem Text ist (vgl. ebd.: 28).

Standbildübung

Diese Übung war bei den Spielern sehr beliebt. Sie trug zur Sensibilisierung und dem Training der Körpersprache bei. Die Spieler gingen zu leisem oder lautem Musiktempo durch den Raum. Auf ein Stoppsignal fror die Gruppe in ihrer gerade eingenommenen Körperhaltung ein. Auf ein zweites Musiksignal bewegten sich die Spieler normal weiter. Sie wiederholten den Vorgang, bis alle die Übung verstanden hatten und sich während der Standbildphase kein Spieler mehr bewegte. Die Spieler konnten ihre Bewegungen steigern, bevor sie einfroren: Sie tanzten, sie liefen vorwärts oder rückwärts. Die Freiheit dieser Bewegungen blieb den Spielern überlassen, was sie authentischer wirken ließ.

2. Einstieg in die Bühnenarbeit

Amüsante Musik signalisierte bereits bei den Standbildübungen eine etwas andere Art von Unterricht. Die rhythmisch atmosphärische Musik wirkte nämlich enthusiastisch und lieferte Aufregungen. Beim Einfrieren wird generell jede Veränderung der Körperhaltung von den Zuschauern wahrgenommen. Aus dem Grund mussten die Spieler ihre Körperhaltung nicht mehr verändern und mit beiden Füßen flach auf dem Boden ankommen, so dass sie es vermieden, zu wackeln. Sie sollten auch immer leicht zu den Zuschauern gewandt sein, sodass die Zuschauer Gestiken, Mimiken und Handlungen mitbekommen und sich dadurch angesprochen fühlen.

Während ein Spieler seinen Text vorlas, war es vereinbart, dass die anderen eine andauernde, fließende Bewegung auf der Bühne ausführten, ohne diese zu stoppen. Sobald das Textende erreicht war, nahmen die Arme und Hände wieder eine Ruheposition ein.

Rosa und Sewar trugen zwei Texte begleitet durch atmosphärische Musik vor, während die fünf anderen mit vielen Emotionen und Aufregungen auf der Bühne durchgängig gestikulierten.

KAPITEL II

> „Mit geschlossenen Augen fängt mein Albtraum an. Von weit weg sehe ich mein altes Haus, das zerstört worden ist. Das war der Krieg. Dort in meiner Heimatstadt, Aleppo, gibt es viele Trümmer. Ich laufe in Richtung, wo die Hölle ist. Das ist mein einziger Weg. Meine Augen sind zu, aber ich kann alles sehen. Ich benutze als Kompass nur mein Herz. Ich renne, um die Trümmer zu umarmen. Dann wird es auf einmal zu dunkel und ich wache auf. Das war mein Albtraum. Meine Augen sind jetzt auf."[1]

Wenn die Spieler unkonzentriert waren, ruinierten sie die gesamte Standbildhandlung. Deshalb achteten sie darauf, dass ihre Positionen exakt ausgeführt wurden. Sie durften ihre Haltung während der Standbildübung auch nicht nachkorrigieren, wenn ihre Positionen nicht richtig waren. Sie hatten beim nächsten Stopp die Möglichkeit, sich zu verbessern.

---

[1] Textverfasserin: Jihan Sif Habash. Ihr Text wird von Rosa Hamo vorgelesen.

Durch die Standbildübungen konnten die Schüler ihren Emotionen freien Raum geben und einen bewussten Körperausdruck sowie eine gewisse Körpersprache entwickeln. Die Gestik und Mimik sollten zusammen mit dem vorgetragenen Text und der Musik authentisch wirken, nämlich glücklich, unglücklich, herzlich, arrogant, kämpferisch, dominant oder elegant etc.

„Als ich ein kleines Kind war, träumte ich von vielen Sachen, die damals einfach waren. Ich bin jetzt größer und stärker geworden und das Leben ist schwer geworden. Aber ich habe meine Träume niemals verloren und vergessen. Man hat viele Träume, die man zu verwirklichen versucht, und ich bin sicher, dass man seine Träume realisieren kann, wenn man nie aufgibt, daran zu glauben. Alle sollen wissen, dass das Leben trotz Schwierigkeiten und Problemen schön ist. Ich träume davon, dass ich nach 10 Jahren in einem kleinen Haus entweder im Wald oder in den Bergen wäre und viele Bücher hätte, die ich in Ruhe lesen könnte und niemand außer mir da wäre."[2]

Zeitlupenübung

Die Zeitlupenübung verfeinert den Körperausdruck und die Körpersprache der Spieler, lässt den Körper der Spieler intensivieren und in einer ähnlichen Syntax sowie in einem identischen Rhythmus spre-

---

[2] Textverfasser: Salim Salim. Sein Text wird von Sewar Ali vorgelesen.

chen wie beim verbalen Sprechen, so beschreibt es Volker List (vgl. List 2012: 36). Mit dem pantomimischen Mittel ‚Zeitlupe' konnten die Spieler kleine Handlungen mit unterhaltenden Gefühlen eindeutig vollziehen und den Zuschauern die Gelegenheit geben, den Ablauf wahrzunehmen (vgl. ebd.).

Das körpersprachliche Bewegungsmuster ‚Zeitlupenwettlauf' konnte in der Darstellung auf der Bühne und in der Musik speziell zeigen, dass die Männer einen Wettlauf in Zeitlupe machten, die Frauen dabeistanden, alle Männer vorn zu Boden sanken, die Frauen langsam nach vorn gingen, um einen Mann an den Handgelenken zu greifen und ihn dann nach hinten zu ziehen. Die Interpretation des Zeitlupenwettlaufs konnte vom Publikum unterschiedlich interpretiert werden. Entweder zogen Frauen tote Männer aus einer Kriegssituation oder schwer verletzte.

2.3. Sprechhandlung

Im Impro-Theater geht es darum, dass das Sprechen seine Herkunft in der Handlung hat. Alle Ideen, Aufregungen und Temperamente kommen aus den selbst erdachten Figuren und aus der imaginierten Umgebung und dem Raum, wie List erklärt (vgl. ebd.: 43). Eine erfolgversprechende Improvisation gibt es nur, wenn die Figuren ‚sprechhandeln', das heißt, das Sprechen bezieht sich auf Tun und Wirken und treibt sogar die Handlung voran (vgl. ebd.).

Die Sprechtexte beziehen sich dabei nicht auf vorgegebene Textvorlagen, sondern auf chorische intuitive Ausdrucksweisen und selbst geschriebene Ereignisse und Aktivitäten. Das Auswendiglernen älterer Theatersprechtexte widerspricht der Philosophie des Theaterspielens, weil Sprechen und Handeln auseinander klaffen und keine plausible und authentische Gestaltung für das Publikum ergeben (vgl. ebd.).

Kreative Sprechhandlung

Um einem Text eine offene und freie Handlung zu geben, sollten die Spieler im Projekt zunächst einmal wissen, welche Rollen gespielt werden sollen, in welcher Handlung die Figuren stecken und wem sie etwas aus welchem Grund mitteilen und erklären wollen. Sie brachten den Text in ihren eigenen Worten zur Sprache und sie probten diesen in verschiedenen Variationen, bis er sich überzeugend anhörte. Man konnte sofort in den Proben hören, wenn sich die Spieler nicht klar darüber waren, was sie zu wem sagten und vor allem, warum sie eigentlich redeten.

Artikulation – Bühnenlautstärke

Die Spieler sprachen ihre Texte in der Bühnenlautstärke und machten zwischen jedem Wort eine erkennbare Pause. Jedes einzelne Wort eines Satzes war klar und besonders verständlich. Wenn sie das Gefühl hatten, dass sie sich sicher dabei fühlten und der Text sich plausibel anhörte, wiederholten sie ihren Text so oft, bis sie die in der Alltagssituation gefundene Intonation auch in Bühnenlautstärke verinnerlicht hatten. Die Spieler wurden ermutigt, Sätze oder einzelne Ausdrücke dahingehend zu ändern oder umzuformen, bis sie ihnen leichter von der Zunge gingen. Wenn sie andauernd Probleme mit einem Satz oder einem Ausdruck hatten, überlegten wir gemeinsam mit der Gruppe, diesen ganz zu streichen. Sonst wirkte es wie ein Hindernis für die Spieler, ihre Figuren authentisch darzustellen. Solche Hinweise auf Bühnenlautstärke, Artikulation und Sprechgeschwindigkeit gibt die Theaterpädagogin Christiane Hess in ihrem Buch „Theater unterrichten, inszenieren, aufführen" (vgl. 2017: 37ff.).

Artikulations- und Bühnenlautstärkeübung

Die Spieler probten mehrmals in dem Probenraum. Sie übten in keiner gewöhnlichen Lautstärke, wie in der Alltagssprache, sondern bei jeder Probe wurde in voller Bühnenlautstärke deklamiert. Die Spieler achteten darauf, wie sich die Körperhaltung, die Gestik und Mimik, die Präsenz und die Spielfreude unvermeidlich mit der Lautstärke veränderten. Je lauter sie sprachen, umso eindeutiger artikulierten sie auch. Sie mussten auch nachvollziehen, wie wichtig es war, dass die Zuschauer alles, was auf der Bühne gesagt wurde, verstehen konnten und dass es bedeutungslos für sie gewesen wäre, wenn sie nichts verstanden hätten.

Den folgenden Text übte Mamo mehrmals, bis seine Rolle für ihn Routine wurde. So konnte er unbeeinflusst vor den Zuschauern seinen Text authentisch vortragen:

> *Als ich nach Deutschland kam, fragten mich viele Leute: „Wer bist du, wer bist du?" Ja, ich werde Ihnen sagen, wer ich bin. Ich bin der Syrer, wie viele andere Syrer. Wir sind die Personen, die Länder, Meere, Berge und Wälder überwunden haben. Warum? Ja, eine wichtige Frage, warum? Natürlich wollten wir unserer Familie eine Zukunft geben, natürlich, um Sicherheit für unsere Familie zu suchen. Aber jetzt sind wir hier. Und nachdem wir hier sind, sie wollen. Wer will und was wollen Sie? Das Jobcenter, Ausländerbehörde, Krankenkasse, BAMF, Mietvermieter, AfD. Sie wollen, dass wir in sechs Monaten arbeiten und Deutsch lernen. Sie wollen, dass wir uns in sechs Monaten integrieren und die deutsche Kultur lernen. Aber das ist nicht einfach.*

2. Einstieg in die Bühnenarbeit

Wir sind keine Maschinen, wir sind doch Menschen, wir haben ein Herz und einen Verstand, wir versuchen, den schrecklichen Krieg zu vergessen, wir haben Verletzungen. Ja, zum Beispiel seit einem Jahr und fünf Monaten bin ich in Deutschland aber seit sieben Jahren habe ich meine Familie wegen des Krieges nicht gesehen und das macht mich traurig. Können Sie sich vorstellen, wie ein Mann sieben Jahren allein leben kann? Allein essen, allein trinken, allein gehen, allein kommen, allein schlafen. Mein erster Satz auf Deutsch: „Ich bin allein." Wie ein Mann die deutschen Regeln so lernen kann? Nominativ, Akkusativ, Dativ, Genitiv, bestimmte Artikel, unbestimmte Artikel, der, die, das usw. Und jemand sagt: „Hey, wir sind hier in Deutschland, du musst Deutsch sprechen." Ja, ich mag die deutsche Sprache, aber ich kann nicht gut lernen, weil ich viele Probleme in meinem Kopf habe, weil ich einen großen Schmerz in meinem Herzen habe. Manchmal sage ich okay. Jetzt möchte ich Deutsch lernen. Jetzt habe ich Lust, ich nehme das Buch, öffne es und finde Bilder von meiner Familie im Buch. Ich finde meine Mutter, meinen Vater, meinen Bruder, meine Schwester und ich sage: Nein bitte! Ich möchte Deutsch lernen, ich möchte mich

> *integrieren, ich möchte eine Arbeit finden, ich möchte eine gute Sache in Deutschland machen. Nein, aber es tut mir leid, ich kann meine Familie nicht vergessen. Das ist zu schwer. Ich erinnere mich noch gut daran, immer wenn ich mit meiner Familie war, war ich sehr glücklich. Verstehen Sie jetzt? Verstehen Sie jetzt, warum der Syrer die B1-Prüfung nicht bestanden hat? Trotzdem sind wir hier. Wir wollen eine Zukunft aufbauen, wir wollen die Deutschen kennenlernen, wir wollen ihnen vor allem zeigen, dass wir keine Fremden sind, sondern gleiche Menschen wie Sie. Ja, wir sind normale Menschen. Ich weiß, was Sie jetzt denken. Ich antworte Ihnen sofort. Wir wissen aber ganz genau, dass nicht alle Syrer gut sind. Wir wissen ganz genau, dass es schlechte Menschen gibt. Wir wissen aber ganz genau, dass es in jedem Land so ist. Es ist nicht nur bei uns. Das ist keine Ausrede, wir brauchen nur Geduld, wir brauchen nur Anerkennung, wir brauchen nur Zeit. Das bin ich.*

2.4. Auftritts- und Abgangspositionen

Die Spieler wurden frühzeitig dafür sensibilisiert so oft wie möglich auf der Bühne Auftritts- und Abgangspositionen einzunehmen, bis der Ablauf saß. „Der große Auftritt bzw. der große Abgang wird vom Publikum als wichtig wahrgenommen, ein kleiner Auftritt oder Abgang findet von den Zuschauern fast unbemerkt statt", meint Christiane Hess (ebd.: 46).

Christiane Hess setzt voraus, dass die Zuschauer die Bühnenfiguren kennenlernen möchten, deshalb ist es wichtig, dass die Auftritts- oder Abgangspositionen der Spieler großartig auffallen sollten. Große Gesten und Bewegungen mit Kontakt zum Publikum signalisieren einen großen Auftritt oder Abgang. Einen kleinen Auftritt oder Abgang haben Spieler dagegen, wenn sie ohne Kontakt zum Publikum spielen, den Kopf gesenkt halten und somit ankündigen, dass ihr Eintreten oder Abtreten bedeutungslos ist. Hess erklärt allerdings, dass ein Spieler mit kleinen Bewegungen und ohne Kontakt mit dem Publikum die Bühne betreten und trotzdem auffallen und im Mittelpunkt stehen kann, wenn von ihm Raum und Zeit für die Aufmerksamkeit und das Interesse der Zuschauer eingeräumt wird (vgl. ebd.: 46ff.).

Große Auftrittsübung

Die Spieler standen am Rand der Spielfläche. Sie gestalteten ihren Auftritt so groß und auffällig wie nur möglich. Sie sprachen sehr laut in der Klasse, sie wurden immer lauter, sie standen auf, sie machten Kommentare über Grammatik, sie lachten. Plötzlich betrat Mustafa die Klasse, welcher sehr bescheiden war, er verspätete sich, er sprach absichtlich falsch, er trug witzige Kleidung. Das Publikum war bei einem solchen Auftritt berührt, weil der Darsteller sehr aktiv dem Publikum signalisierte, dass in diesem Moment sein Erscheinen bewusst und zum Lachen angeregt war. Er unterbrach den Unterricht, er sprach sehr leise, sehr ängstlich, er versuchte, sich bei seiner Lehrerin, Zozan, zu rechtfertigen, weil er sich, wie immer, verspätete. Der Bühnentext lautete:

Mustafa:	*„Guten Morgen."*
Zozan:	*„Ja Mustafa, du hast immer Verspätung."*
Mustafa:	*„Ich habe meine Hund, Hund ist weg gelaufen."*
Zozan:	*„Aber du hast keinen Hund."*
Mustafa:	*„Ja, es tut mir leid. Ich habe meine Vogel weg geflogen"*
Zozan:	*„Du hast auch keinen Vogel"*
Mustafa:	*„Ja, meine Lehrerin, ich habe meinen Zug in der Tasche vergessen."*
Zozan:	*„Wie? Das heißt, du hast deine Tasche im Zug vergessen?"*
Mustafa:	*„Ja, genau."*
Zozan:	*„Nimm da Platz!"*

Die Zuschauer konnten gerade erkennen, wo auf der Bühne der Fokus war, also der Punkt des Interesses lag. Das Publikum richtete seine Aufmerksamkeit auf den verspäteten Schüler und versuchte keine Details zu verpassen.

Es war dabei bemerkenswert, dass alle Akteure für das Publikum gut sichtbar waren, sie verdeckten sich nicht gegenseitig oder wandten dem Publikum den Rücken zu. Die gemeinsame Szene machte einen guten Eindruck, weil alle agierenden Spieler präsent waren. Sie veränderten ihre Positionen nicht oder sahen sich um, wo sie sich im Verhältnis zu ihren Mitspielern und zum Publikum befanden. Die Spieler standen nicht in einer geraden Linie nebeneinander, denn das hätte unnatürlich gewirkt, sie positionierten sich versetzt im Klassenraum.

2.5. Rhythmus

Das Bühnenspiel und die Bühnengeschichte weckten das Interesse der Zuschauer durch Tempowechsel, Musik, Geräusche. Sie produzierten starke Stimmungen, weckten bei den Zuschauern oft behaftete Emotionen und gestalteten attraktive und charmante Bilder.

Rhythmusübung

Dreizehn stehende Stühle deuteten auf einen Warteraum auf der Bühne. Langsam betraten die Spieler nacheinander die Bühne. Sie setzten sich auf die Stühle und warteten darauf, dass der Beamte sie rief. Während des Wartens nahmen sie vier Positionen an – (a) sie schlugen die Beine beim Sitzen übereinander, b) sie saßen in einer gelockerten Position mit gestreckten Beinen und Kopf nach hinten, c) sie schauten auf ihr Handy, d) sie schauten auf die Uhr –, welche unterstützend durch Musik begleitet wurden. Die Musik gab das Tempo vor, alle agierten in gleichförmiger Geschwindigkeit, die Darstellung war rhythmisch und die Inszenierung enthielt Wechsel und Dynamik. Die Musik hörte plötzlich auf, dann kam ein Beamter und rief alle Wartenden nacheinander auf.

Die Gruppe improvisierte diese Szene einige Minuten frei. Es wurde festgestellt, dass es schwer für die Spieler war, sich zu synchronisieren. Sie besprachen mit der Gruppe, wie Menschen sich im Warteraum tatsächlich verhalten und wie man den Zuschauern die Situation überzeugend und nonverbal vermitteln konnte. Üblicherweise verhalten sich Personen in einer Wartehaltung in der Öffentlichkeit harmonisch und ruhig, sie bewegen sich kaum, blicken wiederholt nervös auf ihre Armbanduhr oder auf ihre Handys, beobachten die anderen Wartenden oder sind in Gedanken vertieft. Die Gruppe wiederholte mehrmals die Übung. Die Situation war nun deutlicher zu erkennen.

Für die Zuschauer war es sehr spannend, die einzelnen Figuren zu beobachten, gerade weil sie ohne Anlass agierten oder sprachen.

KAPITEL III

> **Szenisches Schreiben, Dramaturgie, Inszenieren**
> *Wie kann ich mit den Spielern Geschichten erfinden, schreiben und die optimale Stückauswahl treffen? Wie kommen die Schüler zum Szenischen Schreiben? Was verbirgt sich hinter Chunks? Wie binde ich die Dramaturgie in mein Skript ein? Wie inszeniere ich selbstgeschriebene Texte auf der Bühne? Im vorliegenden Kapitel erhalten Sie einen näheren Einblick über das Szenische Schreiben, den dramaturgischen Aufbau und die Inszenierungen!*

3. Szenisches Schreiben, Dramaturgie, Inszenieren

3.1 Geschichten erfinden und schreiben

Die Gruppe war so weit, dass sie sich die wichtigsten Fragen stellen musste. Über was schreiben wir? Schreiben wir über Frieden, Krieg, Politik, Familie, Heimat, Sprachenlernen etc.? Über welche Themen die Spieler kleine Sketche und eine Theatercollage schrieben, hing von der subjektiven Präferenz der Gruppe ab. Deshalb war es sinnvoll, zusammen mit der Gruppe das zu entwickeln, was auf die Bühne gebracht werden sollte. Die Spieler erfanden Geschichten zusammen mit der Gruppe bezüglich der Thematik und der Figuren, die ihrem Alter und Wünschen entsprachen, da die Rollen, deren Anliegen, Träume und Talente stimmig sein sollten. Lorenz Hippe (vgl. 2011) erklärt, dass die Gruppe sicherlich umso mehr Enthusiasmus und Leidenschaft bei dem Stück haben wird, je mehr es ihren prinzipiellen Interessen entspricht und je stärker sie in den Entscheidungs- und Entwicklungsprozess beim Szenischen Schreiben mit eingebunden ist. „Das Leben schreibt die besten Geschichten." Ähnlich wie beim Kurzinterview geht es auch hier um persönliches Material, also um „einen erlebten

Moment der erzählenden Person", sagt Lorenz Hippe (2011: 70), der Szenisches Schreiben in der theaterpädagogische Praxis erklärt.

Biografieschreibbübung

Während im Alltagsleben emotionale Augenblicke und Ansichten im Vordergrund stehen, geht es beim Szenischen Schreiben „um den Prozess des eigenständigen Erinnerns" (ebd.). Die Schüler waren keine Schauspieler von Beruf, sondern „Lebensexperten", die zu ernsthaften individuellen Fragen, Motiven oder Lebensabschnitten schreiben und spielen wollten. Dies erklärt sich durch den Sammelbegriff Biografisches Theater, wie Lorenz Hippe erläutert: „Biografisches Theater bezeichnet Produktionen, die Episoden oder Erfahrungen aus dem Leben der Darsteller zum Inhalt haben." (ebd.: 71)

Ahmad schrieb und erzählte auf der Bühne sehr plastisch von seiner biografischen Lebenserfahrung in Syrien. Er hielt im Klassenraum ein Referat über Erlebnisse in seinem Leben als Kurde in Syrien:

> *Ich komme aus Syrien und ich bin Kurde. In meinem Heimatland gibt es viele Sprachen. Aber nur eine Sprache darf gesprochen werden. Das ist Arabisch und alle anderen Sprachen dürfen nicht gesprochen werden. Es gibt nur eine Partei und eine Farbe und eine Sprache. Und es gab immer eine Partei. Ich bin Kurde und ich darf meine Muttersprache nicht sprechen. In der Schule haben wir nur Arabisch gelernt. Ich hoffe, dass die kurdischen Kinder ihre Muttersprache sprechen und lernen. Meine Kinder in Deutschland dürfen meine und ihre Muttersprache sprechen.*

Zozan verfasste einen Text über selbst erlebte Erfahrungen in Deutschland, die sie sehr tief verletzt hatten. Sie erzählte sehr ausdrucksvoll davon:

> *Ich möchte mein Land ganz kurz vorstellen, Syrien. Es ist ein sehr schönes Land oder: Es war – leider. Wir haben uns den Krieg nicht ausgesucht. Jede Gesellschaft hat eine eigene Kultur, an die man sich anpassen soll. Das ist normal, wenn man zu neuem Land kommt und diese Kultur nicht versteht. Aber das ist lustig, wenn die Landsleute denken, dass nur sie zivilisiert sind und die Migranten und Flüchtlinge nicht. Manchmal wurde ich gefragt, ob wir in Syrien Kaffee, Kartoffeln oder Autos haben. Komisch, oder? Ey Leute, wir trinken auch Wasser, wir essen auch Kartoffeln, also – stimmt – keinen Kartoffelsalat, keine Kartoffelsuppe, keine Kartoffelpuffer, aber immerhin Kartoffeln. Ich habe meine Wohnung hier nicht so leicht gefunden. Ich habe viele Termine vereinbart. Natürlich nicht alleine, weil ich die Sprache nicht sprechen konnte. Dabei hat mir eine nette deutsche Frau geholfen. Sie ist heute auch dabei. Danke Tini! Ich erzähle euch, wie die Fragen von meinen Vermieter lauteten: Weißt du, wie die Toilette funktioniert? Ok!!! Habt ihr Heizung in Syrien? Und all das hat mich tief verletzt.*

Eine praktische Übung im Szenischen Schreiben ist eine Traumerzählung. Man kann von einer persönlichen Traumstation erzählen oder den Traum in einen anderen Zusammenhang setzen und daraus eine Szene aufbauen. „Die Tatsache, dass jeder Mensch träumt, ist ein Beleg für die grundsätzliche Fähigkeit jedes Menschen, Geschichten zu erfinden", meint Lorenz Hippe (ebd.: 72).

Die Spieler im Projekt wurden ständig ermutigt, ihrer Fantasie, Kreativität und ihren Ideen freien Raum zu geben. Beim Szenischen Schreiben stand am Anfang eine innere Hemmung der Fantasie im Weg, da die Spieler sich im Proberaum trafen und binnen kürzester Zeit von der Vernunft auf ein kindliches Gefühl umschalten sollten. Es war total schwer für die Spieler als erwachsene Menschen, nicht rational zu handeln, sondern eher spontan zu erscheinen.

In der Gruppe wurde oft darüber diskutiert, welche Themen, Fragen Träume und Wünsche den Spielern durch den Kopf gingen, und so konnten sie manchmal auch die verrücktesten Ideen und Szenarien in ihr Spiel einbauen. Es wurde auch dabei besprochen, ob die Spieler das Publikum unterhalten, es zum Lachen oder Weinen bringen wollten. Der Inhalt sollte von Anfang an klar sein, so dass sich die Spieler Gedanken zum Inhalt, zu den Fragen, Requisiten, Masken, Musikinstrumenten etc. machen konnten.

3.2 Mit „chunks" schreiben und kommunikative Grammatik erwerben

Szenisches Schreiben half den Schülern bei der Entwicklung ihrer kommunikativen Kompetenz. Über das Szenische Schreiben konnten sie sprachliches Input verarbeiten und den Spracherwerbprozess in Gang setzen. Ausgehend von den vier Sprachbereichen Hören, Sprechen, Lesen und Schreiben fand Spracherwerb von den Sprachlernenden und Spielern im Fertigkeitsgebiet Schreiben am sichtbarsten Ausdruck. Lernende lernen generell über das Hören von Satzteilen, Laut- und Wortzusammenstellungen, wie Müller erläutert, Grammatikwissen wird allerdings über einen Schreibprozess von Wortfolgen, Orthografie und Stil aufgebaut. Da unser Arbeitsgedächtnis begrenzt ist, können Lernende beim Hören zwar automatisch Phrasen, Satzteile etc. speichern, es wird jedoch nur zu einem geringen Teil wahrgenommen und verarbeitet (vgl. 2003). Grammatische Kompetenz erwarben die Spieler, weil Teile von in authentischen Zusammenhängen gehörter Sprache in schriftlichen Formulierungen gespeichert wurden, wie Müller erklärt. Die Kompetenz der Schüler und Spieler, grammatisch richtig zu sprechen, wurde nicht aufgrund gelernter Regeln erworben, sondern über das Schreiben von in authentischen Unterhaltungen und Texten gelernten lexikalischen Phrasen, Redewendungen und Syntagmen. Solche Redensarten blieben erhalten und im Ganzen abgerufen, wenn Meinungen, Prozesse und Biografien zum wiederholten Mal wiedergegeben wurden. Wichtig ist, meint Handwerker (vgl. 2008), dass bei authentisch gebrauchter Sprache pragmatische, semantische, syntaktische und stilistische Aspekte verwendet und rekonstruiert werden. Das Speichern lexikalischer Phrasen – wie authentische Formulierungen, ganze Sätze oder Redewendungen – ist deshalb so erfolgreich beim Spracherwerb, weil sprachliche Aspekte nicht separat gelernt werden, zum Beispiel Vokabeln durch Vokabelübungen, Grammatik durch Grammatikübungen und Wortschatz durch Wortschatzübungen. Fremd- oder Zweitspracherwerb erfolgt, wenn Vokabeln, Wörter und Grammatik in kontextuellen pragmatischen, syntaktischen und semantischen Verknüpfungen erlernt werden. Das Szenische Schreiben zeigte, dass der Übergang vom Mündlichen zum Schriftlichen sehr wiederholt die sprachlichen Probleme der Sprachlernenden und Spieler freilegte und ihr Sprachwissen bei schriftlichen und wiederholten mündlichen Reproduktionen bewusster reflektierte.

Chunksübung

Im Projekt wurde ständig versucht, den Spielern im Konzept eines handlungsorientierten Sprach- und Theaterunterrichts sprachliche Mittel (Grammatik) oder sprachliche Wirkungen (Semantik) zu vermitteln, ohne Grammatikregeln streng einzubinden. Die Lernenden sollten „chunks" bewusst anwenden. Bevor die Spieler mit dem Szenischem Schreiben anfingen, wurde mit ihnen über die vorgegebenen „chunks" diskutiert und sich dann mithilfe eines „chunks"- Katalogs auf die passendsten geeinigt. Ein Beispiel wird folgendermaßen veranschaulicht:

1) Ich weiss, dass....,
2) Es wird auf einmal zu dunkel,
3) Du bekommst Geld dafür,
4) Ich träume von,
5) Meine Augen sind zu,
6) Ich vergesse/realisiere die Träume,
7) Ich bin größer/stärker geworden,
8) Ich lese in Ruhe,
9) Das ist (nicht) einfach,
10) Ich will, dass,
11) Ich mag die deutsche Sprache,
12) Es tut mir leid,
13) Ich antworte Ihnen,
14) Es ist nicht nur bei uns,
15) Wir brauchen Geduld,
16) Ich nehme Platz
17) Ich bin auch dabei... etc.

Nach dem Verfassen ihrer selbst geschriebenen szenischen Texte lernten die Spieler sie wortwörtlich so weit wie möglich auswendig und stellten sie szenisch dar. Durch diese Übung konnten sie ihre Aussagen und Formulierungen mehrmals mitlesen, sehen und hören. Durch das Mitlesen wurde das Interesse auf jedes einzelne Wort und jede einzelne Silbe gelenkt. Beim bloßen Zuhören und Auswendiglernen konnten die Spieler ihre Aufmerksamkeit meist auf die betonten Silben richten, um trotz der Flüchtigkeit der gesprochenen Sprache den Faden nicht zu verlieren. Hinzu kam, dass sie sich gleichzeitig gut auf das Selbstgeschriebene, das Vorgelesene und das Auswendiggelernte konzentrieren konnten.

Dies ist eine wichtige Lernstrategie, die bei der schriftlichen und mündlichen Reproduktion des Textes hilft. Ziel dieser Aufgabe war es, inhaltliches Verstehen mit korrektem grammatischem und stilistischem Erlernen der deutschen Sprache zu verbinden. Obwohl der Text bereits vorformuliert war, handelte es sich um eine echte sprachliche, stilistische und grammatische Auseinandersetzung mit der Zweitsprache. Die Lernenden konzentrierten sich auf den Textinhalt, den sie lasen, hörten und sahen, sowie auf seine grammatische und stilistische Struktur. Gleichzeitig wurden grammatische Phänomene geübt, wie Verben im Infinitiv, konjugierte Verbformen in Präsens, Präteritum, Perfekt und Futur, Wortstellung, Präpositionen etc. Dabei wurde auch die Aussprache durch Präsentation, Inszenieren oder Rollen- und Figurenübungen verbessert. Das Inhaltliche dieser Aktivität stand meist so im Vordergrund, dass die Lernenden gar nicht wahrnahmen, dass sie bedeutungsvolle grammatische und stilistische Strukturen der Zweitsprache übten. Es machte auf sehr künstlerisch und theatralisch methodische Weise verständlich, dass der Zweitsprachlernende bewusst sein musste, um einen szenischen Text grammatisch und syntaktisch verstehen sowie mündlich auf der Bühne reproduzieren zu können.

3.3 Der dramaturgische Aufbau und die Inszenierung

Als die Spieler mit ihren selbst verfassten und selbst gelernten Texten so weit waren, wurde abgesprochen, welchen roten Faden die Szenencollage verfolgen sollte. Die Szenen wurden so aufgebaut wie die Gruppe es sich wünschte. Wie Christiane Hess sagt, sollte die Gruppe darauf achten, dass ein klares Thema, ein erkennbarer *Konflikt*, eine oder mehrere *Spannungshöhepunkte* und eine *Konfliktauflösung* festgelegt werden (vgl. 2017: 75). Wenn auf die oben genannten Punkte geachtet wird, erwecken die Spieler in den Zuschauern Spannung, machen sie neugierig und ermöglichen ihnen, die Aufführung ohne Hintergrundinformationen zu erfassen. Hess (vgl. ebd.: 75ff.) empfiehlt für den dramaturgischen Aufbau folgende Fragen:

1) Wer sind die handelnden Figuren in der Szenendramaturgie-Entwicklung? Wie beginnen und enden die Schauspieler mit dem Spiel? Haben sie sich als Charaktere inzwischen verändert?
2) Wann und wie erreichen die Spieler Spannungshöhepunkte, Konflikte und Konfliktauflösung?
3) Bleibt das Ende des Bühnenstückes offen? Wird es eine konkrete Antwort gegeben? Gibt es Überraschungen?

Im dramaturgischen Aufbau unserer Theatercollage wurde auf alle oben genannten Fragen geachtet. Die Szenendramaturgie berücksichtigte vor allem die Wünsche und Träume, Anliegen, Bedürfnisse und Präferenzen der Spieler. Für eine gelungene Theateraufführung waren die Spieler verantwortlich. Aus diesem Grund war es sehr wichtig, dass alle Spieler das Gefühl hatten, sie wurden entsprechend respektiert, wahrgenommen und vor allem gerecht behandelt. Dies hatte eine sehr positive Wirkung auf deren Arbeitsmoral und Motivation und sorgte für Kreativität und Fantasie in der Gruppe. Im Bereich des Laientheaters ist es für das Gesamtergebnis wichtig, dass alle Spieler motiviert sind und mit Freude und Enthusiasmus dabei sind.

Regie-, Dramaturgie- und Inszenierungsübung

Die Gruppe setzte sich in einen Kreis. Die Spieler machten Vorschläge, über welche Themen sie gerne Szenen schreiben wollten. Wenn sie sich geeinigt hatten, was das Thema sein sollte, wurden sie in Kleingruppen eingeteilt. In unseren Proben sollten zwei Kleingruppen, eine Männergruppe und eine Frauengruppe, jeweils eine Männerszene und eine Frauenszene entwickeln. Sie hatten eine Stunde Zeit, um einen Ablauf zu entwickeln, die Darstellungsform und die Rollenverteilung zu besprechen. Die selbst entwickelten Szenen sahen wie folgt aus:

Alle Frauen, Rosa, Jihan, Mayzer, Zozan und Dalya, gingen in die Handlung mit einem Kopftuch hinein. Mayzer sang ein bulgarisches Lied aus ihrem Heimatland und Rosa sprach erinnernd und überempfindlich über das Frauenbild der syrischen Frauen:

„Ich kannte viele Männer, die ihre Frauen schlecht behandelt haben. Die Frauen durften überall auf der Welt früher und vielleicht bis jetzt nichts allein machen. Die Frauen dürfen nicht entscheiden, welchen Mann sie heiraten, dürfen nicht allein ohne ihren Mann ausgehen. Die Hälfte der Frauen darf nicht studieren, nicht arbeiten. Die Frauen haben seit Hunderten von Jahren gegen die Gewalt gekämpft. Die Frauen sind ein Teil der Gesellschaft und haben schon seit Generationen die Kinder erzogen und werden sie noch Generationen erziehen. Die Frauen sind ein Teil der Gesellschaft, sie sind Gesellschaftshelferinnen. Die Frauen haben auch Gefühle. Ich habe oft von Frieden und Freiheit geträumt."

An dieser Stelle gab es eine Auseinandersetzung, die Rosa versuchte, charaktervoll und differenziert zu lösen. Sie bemühte sich, sehr sensibilisiert Frauenrechte und besonders die Frauenrolle in Syrien und weltweit zu verteidigen. Sie stellte die Frauen als Opfer der Gesellschaft dar. Anschließend kam eine Handlung mit spannendem Moment durch die Erzählung von Jihan, die sehr illustrativ über ihren traumatisierten Lebensabschnitt während des Krieges in Syrien und bis zu ihrer Ankunft in Deutschland erzählte:

> *Als ich ein Kind war und ich bin immer noch. Ich habe so viel oft geträumt, dass ich so eine starke Zauberkraft habe. Das war so schön und aufregend in meiner Kindheit. Es war so, aber jetzt glaube ich nicht mehr an solche Kräfte oder eine Fee zu sein. Jetzt habe ich eine stärkere Macht. Ich weiß wirklich nicht, wo diese Macht sitzt. Im Gefühl, Kopf, Körper. Es ist nicht wichtig. Aber diese Macht hat mir immer geholfen. Seit ich erwachsen bin, seitdem ich Syrien verließ, seitdem der Todesritt anfing. Syrien, die Türkei, Griechenland, Bulgarien, Österreich und endlich Deutschland. Während meines gefährlichen Abenteuers hatte ich keine Angst. Weil ich keine Angst vor Meer hatte? Doch, ich hatte Angst davor. Aber wenn man Menschen sterben sieht, vergisst man sich selbst. Man wird so still, kraftlos und hilflos. Wenn man versteht, dass das Sterben so nah ist, dann gibt man sich einfach auf. So war ich. Aber diese Macht half und hilft mir immer noch, weiterzumachen.*

Die Handlung erreichte ihren Höhepunkt, als Jihans Stimme einen sehr empfindlichen und zitternden Ton bekam. Sie sprach vom Menschensterben, Hilflosigkeits- und Kraftlosigkeitsgefühl und war von gemischten Gefühlen, Angst und Lähmung besessen. Es kam zu einer ausschlaggebenden Peripetie, als sie von ihrem gefährlichen Abenteuer durch Syrien, Türkei, Griechenland, Bulgarien, Österreich und Deutschland sprach.

Jihan kam zur Auflösung ihres inneren Konflikts, indem sie über Machtbesessenheit und Machtanspruch redete, die ihr halfen, trotz Zweifel und Furcht weiterzuleben.

Ein Happy End akzentuierte Mayzer mit ihrer ausgeglichenen und ganz ruhigen Haltung, in der sie von einer positiven Veränderung zwischen Vergangenheit und Gegenwart erzählte. Nach einem großen Kampf ums Erreichen ihrer Lebensziele zog sie aus der heutigen Perspektive eine positive Bilanz und bedankte sich für ihr Leben und ihre Möglichkeit, in einem deutschen Integrationskurs weiter lernen zu können und mit jungen Leuten im Theaterprojekt zusammen zu sein und Theater zu spielen:

> *Als ich vor Jahren Studentin war, gehörte ich zu den Besten. Es war so einfach und lustig und interessant. Aber seit ein paar Jahre vergangen sind, musste ich mehr kämpfen, um meine Ziele zu erreichen. Jetzt bin ich mit diesen wunderbaren jungen Leuten. Das Gefühl, mit diesen wunderbaren jungen Leuten zu arbeiten oder weiterzugehen, macht mich stolz und glücklich.*

Eine Überraschung bei der Handlung war die Übergangsszene zwischen der Frauenszene und der Männerszene. In dieser Szene nahm Salim eine einprägsame Position über die Frauen- und Männerrolle ein, wie er sich selbst in der irakischen Kultur erlebte:

> *Also, trotzdem sind die Frauen unglaublich. Ich würde gerne einige Beispiele geben. Und zwar, die Frauen sagen etwas und sie meinen etwas anderes und sie wollen von uns Männern, dass wir verstehen, was sie wirklich wollen. Komisch, oder? Ehhh! Ja, die Frauen sagen etwas und nach zehn Sekunden etwas anderes. Die Frauen können ihre Meinungen ständig ändern und immer sind wir Männer schuldig, weil wir sie nicht verstehen, wie sie es wollen. Ehhh! Ja, die Frauen. Wie der Dichter Mark Twain gesagt hat: Es gibt zwei Fälle in jeder Beziehung. Erstens, der Mann macht einen kleinen Fehler, also wird die Frau traurig. Dann entschuldigt sich der Mann bei der Frau.*
>
> *Oder zweitens, die Frau macht eine Katastrophe, also wird auf jeden Fall der Mann sauer, oder? Dann wird die Frau traurig und sie weint, dann, wie immer, entschuldigt sich der Mann bei der Frau.*

In seiner Einstellung konnte man eine Auseinandersetzung in der Frau-Mann-Beziehung feststellen, die Salim mit einer sehr humoristischen Haltung zu lösen versuchte. Die Frauen sind im Vergleich zu der Einstellung von Rosa keine Opfer der Gesellschaft. Sie machen im Gegenteil Männer in der Beziehung zum Opfer von Schuldgefühlen.

In der folgenden Männerszene wurde das Thema Gleichberechtigung zwischen Männern und Frauen behandelt. In einem gespielten Integrationskurs auf der Bühne wurden darüber folgende Meinungen geäußert:

Mahmoud:	*Herzlich willkommen zum Integrationskurs. Ich bin der Lehrer, Stefan Schneider. Heute lernen wir keine Grammatik ...*
Alle Schüler:	*Super!*
Mahmoud:	*..., sondern wir beschäftigen uns mit der Gleichberechtigung von Mann und Frau in Deutschland und überall. Also, hier in Deutschland sind die Frauen und die Männer gleichberechtigt. Stellen Sie sich kurz vor und erzählen Sie, wie es bei Ihnen ist. Ja, bitte (Er gibt das Wort Mamo).*
Mamo:	*Also, mein Name ist Stefan Johannes. Ich komme aus Syrien, aus dem Land der Sonne. Ich bin ein Christ. Meine Frau ist Muslima. Ich bin aus einer Gesellschaft, die viele Religionen enthält, Christen, Muslime und Juden. Es gibt viele ethnischen Gruppen, die kurdischen, arabischen, und drusischen auch. Und es gibt auch niemals Rassendiskriminierung zwischen den Völkern. Obwohl wir eine diktatorische Politik haben, lebten wir in Liebe und Brüderlichkeit.*
Mahmoud:	*Das ist wirklich interessant. Ich wusste das gar nicht. Bitte! (Er gibt das Wort Sewar).*
Sewar:	*Ich bin ein muslimischer Kurde aus Syrien. Ja, vor dem Gesetz sind Frauen und Männer gleich und haben auch gleiche Rechte.*
Mustafa:	*(Lachend unterbricht er Sewar). Das stimmt. Die Frauen in meiner Familie bleiben zu Hause. Aber wir lieben unsere Frauen. Und wir wollen nicht, dass sie arbeiten. Ja.*

3. Szenisches Schreiben, Dramaturgie, Inszenieren

Mahmoud:	Wie heißen Sie?
Mustafa:	Mustafa Naif.
Mahmoud:	Woher kommen Sie?
Mustafa:	Ich komme aus Syrien.
Mahmoud:	Setzen Sie sich!
Sewar:	In Syrien arbeiten die Frauen? Nein! Vielleicht ist das in Ihrem Dorf so. Aber bei mir in Aleppo war es ganz anders. Die Frauen haben die Wahl, entweder arbeiten zu gehen oder Haushalt zu machen. Ja, das ist auch interessant. In Syrien durften die ersten Frauen schon seit hundert Jahren ins Parlament. Und es gibt auch ein Gesetz, dass mindestens 25 Prozent der Abgeordneten Frauen sein müssen.
Mahmoud:	Meinen Sie es ernst?
Sewar:	Ja!
Salim:	(Er meldet sich).
Mahmoud:	Ja bitte! (Er gibt Salim das Wort).
Salim:	Mein Name ist Salim. Ich komme aus dem Nordirak. Ich habe zwei Schwestern und sie dürfen alles, was ich darf, manchmal mehr als ich.
Ahmad:	(Er meldet sich).

Mahmoud:	*Ja bitte! (Er gibt das Wort Ahmad).*
Ahmad:	*Mein Name ist Ahmad. Ich glaube an keine Religion. Ich bin in Syrien geboren. Es gibt bei uns sehr viele unterschiedliche Religionen. Wie die Frauen behandelt werden, hat nicht mit Religion zu tun.*
Mahmoud:	*Vielen Dank!*
Salim:	*(Er meldet sich wieder zu Wort.)*
Mahmoud:	*Ja bitte! (Er gibt wieder Salim das Wort).*
Salim:	*Ich habe eine Frage, und zwar: Warum gibt es nur einen Gott und so viele verschiedene Religionen? Ja, eine Frage habe ich gestellt und würde gerne eine Antwort geben. Ich glaube, wenn wir alle die Politik und die Religion beiseite lassen, dann können wir alle zusammen friedlich leben! (Applaus)*
Mahmoud:	*Vielen Dank!*
Salim:	*Und noch eine Frage. Wie können wir Frieden in die Welt und zwischen Männern und Frauen bringen, wenn wir keinen Frieden in unseren Herzen haben?*
Mahmoud:	*Ja, Sie haben recht. Also, wir haben alle zusammen gehört, das hängt nicht immer von der Religion ab, sondern von der Familie. Und es scheint bei Ihnen genauso zu sein wie in Deutschland. Das hängt überhaupt nicht von der Religion ab, sondern immer von Personen.*

In dieser Szene kam es zu einem wirklich bewegenden Umschwung, weil die Männer eine weniger traditionelle Einstellung gegenüber den Frauenrollen in Syrien einnahmen als die von Rosa abgebildete Frauenrolle. In Syrien gibt es sogar ein Gesetz, dass mindestens 25 Prozent Frauen für das Parlament kandidieren sollen. Die handelnden Figuren in der Männerszene waren explizit Frauen. Die Männer gingen in die Handlung mit besonders positiven Ansichten gegenüber Frauen hinein. Im Verlauf der Männerszenendramaturgie entwickelten sich die Frauen- und Männerrollen durch das Gespräch zwischen den Schülern viel egalitärer als im Verlauf der Frauenszenendramaturgie. Das Ende der Szene wurde konkret und die Spieler besprachen sogar einmal ausdrücklich die Diskrepanz zwischen Religion und Gleichberechtigung. Eine klare Antwort durch eine rhetorische Frage gab Salim wie folgt: „Wie können wir Frieden in die Welt und zwischen Männern und Frauen bringen, wenn wir keinen Frieden in unseren Herzen haben?" Mit dieser Einstellung wurde der Konflikt der Männer- und Frauenrolle gelöst, weil der Fokus auf das Menschenspezifische und nicht auf das Geschlechtsspezifische gelegt wurde.

Durch die Regie-, Dramaturgie- und Inszenierungsübung überprüften beide Kleingruppen den Ausdruck, die Positionen und Einstellungen der Frauen oder der Männer jeweils auf der Bühne. Die zwei Kleingruppen unterhielten sich darüber, welche Tipps, Rollen und Darstellungsformen sie bei der Frauen- oder Männerszene besonders nützlich und realistisch fanden, welche weniger und warum. Am Ende der Übung korrigierten sich die zwei Gruppen gegenseitig bei der Körperhaltung, den Gesichtsausdrücken, der Stimme, beim Sprechen, beim Wortschatz, bei den Stärken und Schwächen, der Leidenschaft der Spieler etc. Die Spieler wurden immer sicherer, je mehr sie über ihre Figuren wussten. Sie konnten ein starkes Eigenleben auf der Bühne entfalten, wenn sie jedes Mal andere Darstellungsformen annahmen. Sie mussten spielen statt zu reden, d. h. sie erläuterten nicht ihre Rolle, sondern sie spielten sie einfach. Die Zuschauer wollten sehen und miterleben, um welche Art von Menschen es sich handelte, und keine erklärenden verbalen Äußerungen wie „Ich bin ein sentimentaler Mensch".

Der Verlauf der Rollenfindung war mitreißend und fesselnd und machte sehr viel Spaß. Manchmal hatten sie das Gefühl, in und mit ihrer Figur eine neue Person kennenzulernen und sich mit ihr vertraut zu machen. Sie führten spontan Handlungen aus und gaben Aussagen mit verwandelter Stimme von sich, von denen sie selbst später erstaunt waren. Manchmal war es sehr schwer, sich von den auf der Bühne dargestellten Figuren zu trennen, wenn alle Theaterszenen zu Ende gespielt waren.

3.4. Tag der Premiere

Für den Premierentag wurde vereinbart, dass mindestens drei Stunden vor dem Premierenbeginn alle Spieler am Spielort sein müssen. Die Spieler brauchten genügend Zeit, um sich zu schminken, ihre Kostüme in Ruhe anzuziehen, sich auf der Bühne wohlzufühlen. Vor der Aufführung sollten sie die Theatercollage einmal durchspielen. Durch diesen letzten Durchlauf konnte die Gruppe die Gewissheit haben, dass die Spieler die Rollen, Handlungen und Texte vollständig kannten. Die Spieler bewahrten ihre Souveränität und Spielfantasie und das Publikum bewunderte sie für ihre Kreativität und Flexibilität. Es ging vielmehr darum, wie sie damit umgingen. Die Spieler waren so weit mit allem Drum und Dran! Und dann kam die Theateraufführung!

KAPITEL IV

> **Sprachlernbiografien**
> *Wie erlebte ich als Lehrerin meine Schüler im Integrationskurs? Welche Schwierigkeiten hatten sie beim Erlernen der deutschen Sprache? Wie empfanden sie das Theaterspielen? Wie half Theater ihnen sprachlich und persönlich? In diesem Kapitel bekommen Sie einen Eindruck über die sprachliche und interkulturelle Identitätsentwicklung der Schüler.*

4. Sprachlernbiografien

Beim Projekt „Die Sprache auf die Bühne bringen" waren die meisten Teilnehmer Schüler in meinem Integrationskurs. Drei weitere Spieler kamen zunächst als Gasthörer zum Theaterprojekt und entschlossen sich anschließend, am Projekt mitzuwirken. Ich beobachtete die sprachliche Entwicklung der Schauspieler während des Theaterprojektes und interviewte sie nach der Theateraufführung, um feststellen zu können, welche Wirkung das Theater auf ihre persönliche und sprachliche Entwicklung in der deutschen Sprache erzielte. Aus Anonymitätsgründen werden die Schüler bei der Analyse Ihrer Sprachlernbiografien nicht mit Ihren Namen sondern mit Buchstaben als Pseudonyme (AX, BX, CX, DX, EX, FX, GX, HX, IX, JX, KX) genannt.

AX: Sie ist eine kontaktfreudige und selbstbewusste Person. Sie verfügt über eine schnelle Auffassungsgabe, ein gutes Gedächtnis und eine hohe Konzentrationsfähigkeit, wenn sie an etwas interessiert ist. Sie liebt es, sich zu verkleiden, und spielt begeistert Theater. Theater ist für sie der Ort, an dem sie ihre Gefühle zeigen kann. Als sie mit dem Theaterprojekt begann, verfügte sie über einen angemessenen Wortschatz in der deutschen Sprache und konnte einfache Sätze bilden. Ihr Deutsch war gut entwickelt. Sie verfügte über eine klare Aussprache. Ich war ihre Lehrerin im Integrationskurs und betonte immer, dass sie zu Beginn des Theaterprojektes noch große Wortschatzlücken hatte. Ihren Wortschatz (vor allem Inhaltswörter: Substantive, Verben und Adjektive) baute sie im Laufe des Theaterprojektes beständig aus, sodass sich im Theaterunterricht immer weniger Wortschatzlücken zeigten. Erfolgreich war sie bei der Aneignung von Modalpartikeln und Satzstruktur, die sie im Rahmen von Formeln (chunks) erwarb. Bevor sie mit chunks lernte, hatte sie Schwierigkeiten, sich auszudrücken, und es kam immer wieder zu „Verdrehern" (z. B. „Jetzt ich gehe zurück").

Die korrigierten Texte beim Szenischen Schreiben, die Wiederholungen beim Auswendiglernen von den selbst geschriebenen Theatertexten und das Inszenieren der Texte wurden als Richtigstellung wahrgenommen und dadurch konnte nun die Verdrehung beseitigt werden. Nach einem Jahr Theaterunterricht konnte AX flüssig Deutsch sprechen, weil das Szenische Schreiben, die Textkorrektur und die aufwendige Textwiederholung zur enormen Sprachverbesserung führten. Es war ihr wichtig, dass sie langsam immer mehr korrektes Deutsch lernte. Durch Theater konnte sie den Deutschen ihre Probleme und Gefühle zeigen und sie zum Ausdruck bringen.

BX: Er ist ein offener, fröhlicher und kontaktfreudiger Mensch, der gerne auf andere zugeht und Interaktionen eröffnet. Er trägt sein Herz auf der Zunge und geht äußerst souverän mit eigenen sprachlichen Fehlern um. Anfangs wurde er jedes Mal zornig, wenn er sprachlich etwas nicht verstehen konnte. Doch im ersten Monat zeigte er zunehmendes Interesse an der deutschen Sprache und bemühte sich, diese zu lernen. Er war ein Schüler, der in meinem Jugendintegrationskurs Deutsch gelernt und sein Wissen anschließend im Theaterprojekt angewandt hat. Er spricht ein verständliches und gutes Deutsch. Wenn er etwas auf Deutsch erzählt, kann man erkennen, dass er schon über einen umfangreichen Wortschatz verfügt und längere, komplexere Sätze zu bilden vermag. Er kann seine Bedürfnisse mühelos auf Deutsch ausdrücken. Ein Zeichen für intensiven, deutschen Sprachgebrauch und für seine sprachliche Entwicklung waren erste Modalpartikel (schon, mal), die er in seiner Lernersprache anwendete. Sein sprachliches Wachstum wurde während des deutschen Sprachunterrichts einerseits an der syntaktischen Entwicklung (an der Bewältigung der Verb-Endstellung) erkennbar, andererseits aber auch an der Verwendung von Konjunktionen, die wiederum Rückschlüsse auf die syntaktische Entwicklung zuließen: Er gebrauchte sowohl koordinierende (und, aber, sondern) als auch subordinierende (weil, da, wenn, dann etc.) und finale Konjunktionen (damit, um … zu).

Im Theater lernte er neben Warm-ups, Konzentrationsspielen und Übungen zur Körperpräsenz eine Vielzahl theaterästhetischer Mittel kennen, die er in Gruppenarbeit bei eigenen Szenenentwürfen zunehmend selbstständig anwendete. Auf diese Weise lernte er eine theatralische Sprache, mit deren Hilfe er sich über Möglichkeiten der Ästhetisierung ihrer Inhalte und deren beabsichtigte Wirkung verständigen konnte. Er war begeistert davon, Figuren zu entwerfen und auf der Bühne zu präsentieren, die seinen Idealen, wie Religionsfreiheit, Gleichberechtigung zwischen den Geschlechtern und Frieden, entsprachen.

CX: Er war ein ernster, ruhiger, leistungsorientierter und ehrgeiziger Integrationsschüler. Er setzte sich Ziele und wollte sie erreichen. Ich war seine Lehrerin im Alphabetisierungskurs und bezeichnete seine Leistungen als überwiegend im guten, oberen Bereich. Er war von Anfang an leistungsstark und entfaltete sich gut. Ich war als Lehrerin zuversichtlich, dass er nach neun Monaten Alphabetisierungskurs die B1-Prüfung erfolgreich ablegen würde, was auch passierte. In seinen Äußerungen gab es zahlreiche korrekte Belege für den Gebrauch der Präpositionen „von" und „mit" („von mir", „mit dir"). Hier handelte es sich um feste Formeln (chunks), bei denen auch die Kasusformen stimmten. Er verwendete dagegen unpassende Possessivpronomen, so wurde an den fehlenden (oder falschen) Kennzeichnungen deutlich, dass es sich um spontane Formulierungen und Satzstrukturen handelte („mit meine Familie", „mit mein klein Sohn"). Teilweise beherrschte er sogar Kollokationen wie „ich hoffe auf". Im Sprachgebrauch wurden langsam neben den lokalen auch schon vereinzelt temporale Präpositionen („vor mir") korrekt gebraucht.

Das Theater eröffnete ihm vielfältige ästhetische Gestaltungs- und Handlungsfelder, in denen Perspektiven wie Körper, Kostüm, Sprache, Raum, Zeit, Klang, Licht sowie mediale Komponenten in szenischen Handlungen zusammen wirkten. Als Laie setzte er seine Gedanken und Gefühle in einem eigenen szenischen Text um und er begann, selbst Autor szenischer Texte und Dramaturg seiner eigenen Biografie zu werden. Theaterunterricht half ihm, grammatische Strukturen (Präpositionen, Kollokationen) mit biografischen Texten, Dialogen und Bewegungen im Klassenzimmer zu verbinden und – ohne es zu merken – Deutsch besser zu sprechen und zu schreiben.

DX: Er begann im deutschen Sprachunterricht, eigenständig Deutsch zu lernen. Er kam aus Neugierde als externer Sprachschüler ins Projekt und wollte ausprobieren, ob ihm Theater bei der Verbesserung der deutschen Sprache helfen würde. Zum Thema Lerntechniken machte er immer zuerst die leichtesten Aufgaben beim Unterrichtsbeginn und die schwierigsten zuletzt, wie er im Interview erzählte. Er arbeitete mit farbigen Unterstreichungen (z. B. Substantive unterstrich er blau). Vor allem lernte er besser das, was er hunderte Male durchlas. Texte lernte er auswendig mithilfe sprachlicher Formeln. Während des Sprachunterrichts wurde er ein Formelsammler. In seinen Äußerungen tauchten mehr und mehr chunks auf. Seine Deutschkenntnisse bezeichnete er als normal und er begründete dies damit, dass er Grammatikfehler bei den bestimmten Artikeln (der, die, das) machte.

Diese Mängel beseitigte er im Theaterunterricht, weil er die bestimmten Artikel durch Wiederholungsübungen immer besser für die Bühne lernte. Der Nutzen solcher Übungen darf gelobt werden, weil Artikel gemeinsam mit Substantiven gesammelt und später in kleinen biografischen Geschichten und Dialogen für das Theater geübt und auf der Bühne präsentiert wurden. Der Theaterunterricht stärkte seinen Teamgeist und sein Selbstbewusstsein und verbesserte seine Deutschkenntnisse. Auch aus der Notwendigkeit des Übens durch Schreiben wurde seine Seele berührt, weil er beim Erzählen seinen Erfahrungen eine Bedeutung gab und einen neuen Sinn darin fand. Theater hat er zum Lieblingshobby gemacht.

EX: Sie war meine Schülerin im Integrationskurs und ich charakterisiere sie als eine Wörtersammlerin. Mit Wortschatzlücken hatte sie keine Probleme, denn wenn sie ein Wort nicht wusste, erfand sie ein neues oder verständigte sich „mit Händen und Füßen" und kam auch so ans Ziel. Im Theaterprojekt sang sie gerne und erfand schon eigene Lieder, um bestimmte Laute, Wörter oder Strukturen zu üben. Auch produzierte sie solche spontan. Sie hatte dann die Möglichkeit, sich vor anderen Mitspielern in der Gruppe zu präsentieren (manchmal mit einem nicht angeschlossenen Mikrofon in der Hand). Im Deutschunterricht kamen spontane Wortbildungen hinzu, teilweise auch Mischungen aus deutschen und bulgarischen Sprachstrukturen.

Sie versuchte in Interaktionen kaum, etwas Gehörtes spontan nachzusprechen. Sie wollte lieber selbstbestimmt und eigenständig lernen. Versuche, ihre Lernprozesse selbst zu steuern, fanden sich schon im Deutschunterricht in Form von Selbstkorrekturen, Nachfragen und Präzisierungen von Gesagtem. Sie hat in dieser Zeit ihre eigenen spezifischen Lernstrategien und Lerntechniken entwickelt.

Als sie mit dem Theaterprojekt begann, hatte sie die B1-Prüfung noch nicht bestanden. Während des Theaterprojektes übte sie viel Schreiben, Sprechen und Präsentieren. Sie hatte in der Theatergruppe den Mut zur Nichtperfektion, und auch das ist eine Möglichkeit des Lernens. Was sie wollte, war einfach, am Theaterspielen Spaß zu haben, Mut zu zeigen, sich zu präsentieren und sich nicht albern zu finden, sondern sich in der Rolle ernst zu nehmen, Lust zum Schreiben zu bekommen, etwas Gemeinsames in Szene zu setzen, das Vermögen, ein Projekt durchzuhalten und bis zum Ende durchzuführen. Durch Theaterspielen verbesserte sie ihre Deutschkenntnisse und bestand die B1-Sprachprüfung. Sie wirkte viel freier. Sie denkt viel positiver an ihre Zukunft und der interkulturelle Austausch war besonders wichtig für sie. Nach dem Theaterprojekt begann sie mit einer theaterpädagogischen Weiterbildung. Sie möchte gerne als Theaterpädagogin in einem Kindergarten arbeiten.

FX: Obwohl sie seit fünfzehn Jahren in Deutschland lebt, spricht sie noch kein korrektes Deutsch, weil sie nicht von Anfang an einen Deutschkurs besuchte. Sie kämpfte selber mit der deutschen Sprache und deren hoch komplizierter Grammatik. Einen Deutschkurs besuchte sie erstmalig nach dreizehn Jahren Aufenthalt in Deutschland. Auf Fremdkorrekturen von mir als ihre Lehrerin reagierte sie unwillig oder gar nicht. Sie war dennoch nicht korrekturresistent, auch wenn man zunächst diesen Eindruck gewinnen konnte.

Die Produktion von Nebensätzen bereitete ihr längere Zeit Schwierigkeiten. Nur bei Konditionalsätzen (mit „wenn,) gelang ihr schon vielfach im Deutschunterricht eine korrekte Verb-Endstellung, während sie früher (bei Weil-Sätzen) eher die Verb-Zweitstellung produzierte. Die Morphologie des Deutschen war für sie ein sehr komplexer Bereich, dessen Erwerb bei ihr lange dauerte und sich erst im Laufe der Jahre nach und nach entwickelte. Mit Verbalmorphologie hatte sie im Deutschunterricht Schwierigkeiten, z. B. Formen des Partizip Perfekt. Es fanden sich in ihren Äußerungen Formen wie „geschreibt", „gelest", „gehilft", was darauf schließen lässt, dass sie diese dreizehn Jahre in Deutschland solche Formulierungen nicht bewusst geübt und gelernt hat. Die Übungen mit chunks halfen ihr, sprachbewusster zu werden und Selbstkorrekturen vorzunehmen. So konnte sie viele Fehler korrigieren und falsch gelernte grammatische Strukturen oder Verdrehungen beseitigen.

Theater half ihr, ihre Angst zu überwinden, vor Publikum zu sprechen. Nach dem Theaterprojekt begann sie mit einer theaterpädagogischen Weiterbildung, zusammen mit der Schülerin EX, weil sie sich in diesem Bereich beruflich weiterbilden und spezialisieren möchte. Sie hat vor, internationale theaterpädagogische Projekte zu gestalten. Theater und Inszenieren verbindet viele Formen beim Fremdsprachenlernen, wie verbale und nonverbale Kommunikationsarbeit, Improvisieren, Kunst, kreatives Schreiben oder Teamgeist. Sie wünscht sich, mit vielen Menschen aus anderen Kulturen theaterpädagogisch zu arbeiten und sich auszutauschen.

GX: Als er mit dem Erlernen der deutschen Sprache begann, bestanden seine Schwierigkeiten nicht darin, einzelne Wörter, sondern größere inhaltliche Zusammenhänge zu erfassen. Im Unterricht wurden häufig Aufgaben gestellt, bei denen er im Wörterbuch nachschlagen sollte. Zur Verfügung stand dafür ein einsprachiges Rechtschreibwörterbuch mit zusätzlichen grammatischen Informationen, z. B. Plural- und Präteritumsformen. Ich als seine Lehrerin erkannte, dass er über Erfahrung beim Benutzen von Wörterbüchern verfügte – zum einen, weil er sich darin gut orientieren und Wörter nachschlagen konnte, zum anderen weil er so gut wie keine Rechtschreibfehler machte.

Welche Übungen im Unterricht wurden von GX als sinnvoll und effektiv erachtet? Er fand es gut, wenn das Lernen von neuen Wörtern in Kontexten erfolgte: Als Gruppe schrieben die Teilnehmer zunächst eigene Texte, Autobiografien und Traumgeschichten und dann versuchten sie, die neuen Wörter zu verstehen. Er fand die Übungen zum Satzbau besonders effektiv, in denen Fehler gefunden oder durcheinander gebrachte Wörter zu Sätzen geordnet werden sollten. Auch war er sehr froh, dass solche Übungen sowohl im Sprachunterricht als auch im Theaterunterricht sehr häufig vorkamen, weil sie seine Aufmerksamkeit auf bestimmte Phänomene gut fokussierten. Er fand Übungen gut, weil er hinsichtlich der Grammatik rein intuitiv handelte.

Szenisches Schreiben und Inszenieren festigten bei ihm Autonomie, weil diese auf symbolisch bildhafter Ebene das Ausprobieren von Lösungen erlaubten. GX fand es besonders wichtig, dass alle Spieler zusammen Texte schrieben, sprachen, sangen, improvisierten, Ideen entwickelten und somit als Gruppe im Inszenierungs- und Gestaltungsprozess immer mehr zusammenwuchsen. Er hatte den Eindruck, dass es große und kleine Talente in der Gruppe gab, alle probten zusammen, bis das, was sie als Gruppe aufführen wollten, ihren Bedürfnissen genügte und professionell wirkte. Theater bedeutet für ihn, dass er sich besser kennenlernen, seine Potenziale entwickeln und die Potenziale anderer Menschen entfalten lassen kann.

HX: Er war mein Schüler und im Deutschunterricht gut organisiert, seine Hausaufgaben machte er sofort, nachdem er nach der Schule nach Hause kam. Dafür setzte er sich an seinen Schreibtisch und las aufmerksam die Aufgaben durch. Wenn ihm etwas unverständlich war, bat er mich im Unterricht stets um Rat. Meist handelte es sich dabei um grammatische und inhaltliche Fragen. Jedes Mal, wenn er in der Klasse Texte mit eigenen Worten wiedergeben sollte, las er den Text zu Hause vorab durch, machte sich Gedanken über den Inhalt und übte die Nacherzählung.

Erst bei der Nacherzählung bemühte er sich um den richtigen Ausdruck. Er hatte viele Schwierigkeiten mit Inhaltswörtern (Substantive, Verben, Adjektive), Genus- und Pluralformen sowie Kollokationen und Redewendungen. Er steuerte den Wortschatzerwerb in beiden Sprachen, in der deutschen und der arabischen Sprache. Er entwickelte ein Gespür dafür, welche Bedeutungen Wörter haben könnten. Dazu gehörten z. B. Wörter einer Wortfamilie oder abgeleitete Wörter wie

„herkommen" – die „Herkunft" oder Phraseologismen wie „ich habe die Nase voll".

Theater half ihm durch Szenisches Schreiben und Inszenieren automatisch, Phrasen, Satzteile, ganze Sätze aufzuschreiben, mehrfach laut vorzulesen und auswendig zu lernen. Auf die Frage, wie er sie auswendig lernte, sagte er, dass er sie sich nach und nach merkte. „Ich las sie mehrfach häufig vor dem Einschlafen oder während ich mich mit anderen Sachen beschäftigte, z. B. mit dem Haushalt, mit Sport etc., wiederholte ich sie in Gedanken. Das Lernen fand also parallel zu anderen Aktivitäten statt", erzählte er sehr stolz. Während des Theaterprojektes bestand er die B1-Sprachprüfung und verbesserte enorm seine Deutschsprachkenntnisse. Er lernte vielfältige ästhetische Gestaltungs- und Handlungsfelder, Perspektiven wie Körper, Kostüm, Sprache, Aussprache, Kontakt mit dem Publikum. Er wurde selbstsicherer, autonomer, fantasievoller und gestaltungsfähiger. Nach dem Theaterprojekt „Die Sprache auf die Bühne bringen" begann er, bei dem YALLA-Ensemble im Staatstheater Hannover zu spielen, und hat riesigen Spaß dabei.

IX: Als sie mit dem Erlernen der deutschen Sprache begann, war sie zunächst vor allem an Wörtern interessiert und sammelte sie. Sie interessierte sich für einzelne deutsche Wörter und suchte nach möglichst genauen Entsprechungen im Arabischen, erzählte sie. Sie war nicht meine Schülerin im Integrationskurs. Zum Theaterprojekt kam sie durch die Schülerin AX, die das Projekt toll fand. IX fand das Deutschlernen durch Theater sehr interessant und blieb im Projekt auch bis zur Theateraufführung. Nachdem sie sich einen ersten Basiswortschatz angeeignet hatte, setzte bei ihr allmählich der Prozess der Grammatikalisierung ein. Im syntaktischen Bereich produzierte sie zunächst Ein- und Mehrwortäußerungen. Dann begann sie zunehmend sicherer, Subjekt-Verb-Sätze zu bilden. Im morphologischen Bereich gebrauchte sie zunehmend mehr Artikel. Es kamen erst Kasus- und Pluralmarkierungen vor. Nach drei Monaten Deutschlernen waren auch Präpositionalphrasen im Unterricht festzustellen. Sie entwickelte sich nach und nach gut in der deutschen Sprache als Zweitsprache. Im Bereich der alltäglichen Kommunikation war ihr Stand nach meiner Einschätzung sehr fortgeschritten.

Das Theaterprojekt half ihr, zunächst einmal Rhythmus und Melodie der zu erlernenden Sprache zu erfassen sowie typische Lautfolgen erkennen und speichern zu können. Dazu wurde ein gutes Arbeitsgedächtnis benötigt, in dem Besonderheiten der deutschen Sprache so lange behalten werden konnten, bis sie dekodiert und in den Langzeitspeicher überführt waren. „Wiederholungen sprachlicher Routinen, Redewendungen, typisierte Phrasen der deutschen Sprache halfen mir, mein Arbeitsgedächtnis zu trainieren und die deutsche Sprache sicherer und bewusster zu erwerben", sagte IX. Im Theater lernte sie, die richtige Körperhaltung, Gestik, Mimik und den typischen Takt für ihre dargestellten Figuren auf der Bühne zu finden. Sehr entscheidend war auch der Verlauf der Szenendramaturgie. „Auf der Bühne entdeckte ich, dass ich einen starken dramaturgischen Stil habe", erzählte sie sehr bildhaft, „Das wusste ich vorher nicht. Ich kann mit meiner Stimme und meinen Gefühlen Menschen beeinflussen." Handlungen mit spannenden Momenten und mit Höhepunkten verstärkten ihr Selbstbewusstsein.

JX: Beim Deutschlernen profitierte sie von ihren Sprachlernerfahrungen in der englischen und der arabischen Sprache. Das erleichterte ihr das Erlernen der deutschen Sprache enorm. Insbesondere hob sie hervor, dass es ihr dabei half, Wörter mehrmals vor sich her zu sprechen.

Welche Rolle übernahm die Deutschlehrerin bei ihren Lern- und Erwerbsprozessen? Die Anregungen und Empfehlungen ihrer Lehrerin im Deutschkurs wurden zu Hause sofort umgesetzt. JX war nicht meine Schülerin im Integrationskurs. Sie kam später zum Theaterprojekt. Sie hatte im Vorfeld bereits Deutsch gelernt. Sie wollte immer ganz genau wissen, was sie an ihrem Spielen und an ihrer Ausstrahlung ändern konnte, damit dieselben Fehler nicht wiederholt werden, sagte sie in unserem Interview. Indem ihre Lehrerin ihr für Deutsch Material mitgab, wiederholte sie einige Inhalte und Grammatikübungen und lernte diese auswendig, weil es die Grundlage für das weitere Lernen war.

Theaterschreiben und Theaterspielen halfen ihr, das Gedächtnis zu trainieren und die Wortschatzentwicklung zu fördern. Grammatische Kompetenz wurde also durch Theater gewonnen, indem Teile von in authentischen Zusammenhängen gehörter Sprache in schriftlichen

Äußerungseinheiten gespeichert und in mündlichen Inszenierungs- und Improvisationstexten reflektiert und bewusst gemacht wurden, erwähnte sie. Außerdem lernte sie über künstlerische Produktion und Kreativitätsübungen das Zusammenwirken von künstlerischer und persönlicher Erfahrung.

Es tat ihr gut, ihre Lebensgeschichte zu erzählen, weil sie beim Erzählen Kontinuität und Kohärenz herstellte, ihren Erfahrungen eine Bedeutung gab und an Selbsterkenntnis und Selbsterfahrungen gewann. Sie brachte ihre Gefühle zum Ausdruck. Sie fühlte sich erleichtert und entwickelte eine Sprache des Instinktiven durch das Erinnern. Daraus ergab sich, dass das Szenische Schreiben und Inszenieren ein therapeutisches Ziel hatten, weil sie wegen des Krieges in Syrien stark traumatisiert war. Vor allem hatte sie sehr viel Spaß dabei.

KX: Als er mit der deutschen Sprache bei mir im Alphabetisierungskurs begann, hatte er Schwierigkeiten, sich auszudrücken, und es kam immer zu Verdrehern. Bei der Verbalmorphologie hatte er Schwierigkeiten mit Partizip-Perfekt-Formen von Verben, die ihm noch weniger bekannt waren, und bei der Nominalmorphologie, Kasusendungen und Funktionswörtern, insbesondere mit Artikeln (wegen des schwer durchschaubaren Genus- und Kasussystems). „Als ich im Theaterprojekt mitmachte, verbesserte ich enorm meine Deutschsprachkompetenz, weil ich viele Schreibübungen machte", berichtete er in unserem Interview.

Szenisches Schreiben und Inszenieren regten ihn zum schriftlichen und mündlichen Erzählen an, sodass er das neue Wortmaterial selbst verwenden konnte. Das Auswendiglernen und die anschließende Darstellung der Texte im Rahmen einer Theatercollage auf der Bühne boten ihm einen ganzheitlichen Zugang zur deutschen Sprache. Über das Schreiben für die Bühne und das Darstellen auf der Bühne wurde Input verarbeitet und der Spracherwerbprozess in Gang gesetzt. Er kreierte selber Szenen. Er wurde dadurch viel kreativer und entdeckte eigene innere Eigenschaften, wie Humor, Spaß, Unterhaltung, Witz und Scherz, besonders strukturierte fiktive Erzählungen, die den Zuhörer zum Lachen anregten. „Theater führte mich zu neuen Ideen und setzte unerschlossene Potenziale frei", sagte er abschließend.

KAPITEL V

> **Ergebnisse**
> *Was bringt der Spagat zwischen Sprach- und Theaterunterricht beim fundamentalen Aufbau und Erlernen der deutschen Sprache und zukunftsorientierter Bildung in den Integrationskursen? Welchen Bezug hat er zu den Inhalten des Lokalen Integrationsplans (LIP)?*

5. Ergebnisse

Liebe Leser,

nun haben Sie eine Menge von unserer Theater- und Spracharbeit nach einem Jahr intensiven Deutschlernen in den Integrationskursen gelesen. Die Schüler und parallel Spieler schafften eine erfolgreiche Bühnendarstellung mit ihrer Offenheit, Geduld und Vertrauen. Die Verwirklichung des in der Landeshauptstadt Hannover beantragten Projektes „Die Sprache auf die Bühne bringen" wäre ohne die Schüler nicht möglich gewesen.

Im Projekt „Die Sprache auf die Bühne bringen" erfuhr ich als DAZ-Dozentin, dass Lernende die besten Lehrer für die Förderung ihrer sprachlichen Kompetenz sein können. Meine autodidaktische Methode, die ich selbst vor 22 Jahren während meines Studiums selbst anwendete, um mir als Nicht-Muttersprachlerin ein gutes und souveränes Deutscherlernen zu ermöglichen, bewies, dass Schreiben und Darstellen in der Zweitsprache freien Raum für Sprachkompetenz eröffnet. Lernfortschritte in der Zweitsprache sind nicht allein von der Leistungsbereitschaft und der Motivation eines Lernenden oder von seinen spezifischen Voraussetzungen (z. B. Sprachlernbegabung) abhängig. Vielmehr sind sie von den inspirierenden und kreativen Interaktionsmöglichkeiten in einem Klassenraum abhängig.

Jeder Lerner findet einen spezifischen Lernweg. In diesem Projekt durchliefen die Schüler bestimmte Entwicklungsstufen (z. B. im Bereich der Syntax: Verb-Endstellung, im Bereich der Morphologie: Tempus- oder Kasusmarkierungen), die durch unterschiedliche Präferenzen (z. B. Erzählungen oder Dialoge schreiben) determiniert wurden. Somit konnten sie schnell oder langsam einen bestimmten Wortschatz aufbauen. Beim Durchleuchten ihrer Lernwege dürfte deutlich geworden sein, dass es bei den Schülern und gleichzeitig Spielern große Unterschiede gab. Autobiografische Texte oder Dialoge in unterschiedlichen Institutionen (z. B. Schule, Behörden etc.), die mit Hilfe von „chunks" gemeinsam in der Theatergruppe geschrieben und entwickelt wurden, gezielt korrigiert und schrittweise erweitert wurden, hatten einen fundamentalen Einfluss auf den Aufbau fester sprachlicher Formen und Fertigkeiten. Die Lernenden begannen dabei, ihre Lernprozesse selbst zu streuen, sie öffneten sich mehr, waren dabei konzentrierter, autonomer und selbstsicherer und wiederholten die korrigierten Texte, bis sie sie richtig auswendig lernten und vor den anderen präsentierten. Selbst wenn ihr familiäres und soziales Umfeld vergleichbare Anregungen auf Deutsch nicht geben konnte, wurde ihr Wortschatz angereichert und ihre grammatischen und semantischen Netzwerke dichter geknüpft.

Das enge Verhältnis der Mitwirkenden half den Schülern im Projekt, über persönliche und familiäre Erlebnisse (z. B. Traumata, Eltern, Geschwistern etc.) zu sprechen. Ihr Mitteilungsbedürfnis konnte für ihre sprachliche Entwicklung in der deutschen Sprache als Zweitsprache genutzt werden, weil sie häufig an Ausdrucksgrenzen stießen, die sie möglichst schnell überwinden wollten. Das Wissen über familiäre Zusammenhänge im Projekt war den Schülern gegenüber sehr hilfreich, weil es keine unangemessenen Erwartungen von den Lehrenden gegenüber den Lernenden gab. Vielmehr wurde Verständnis gezeigt.

Meine Kollegin und DAZ-Lehrerin, Paola Bergmann Aranguren, die sich ehrenamtlich im Projekt engagierte und die Schüler bei Diskussionen außerhalb unserer Theaterproben begleitete, stellte in ihrer Arbeit mit der Lerngruppe Folgendes fest und erklärte:

„Anfangs war für die Lernenden die Frage ‚Wie sehen mich die anderen' viel wichtiger als die Entfaltung eigener Ausdrucksfähigkeit und Identität. Dank dem Sprach- und Theaterunterricht entwickelten sie eine Identität in der Eigen- und Fremdsprache, mit der sie zuerst sich und dann andere wahrnahmen. Dadurch nahmen sie eine andere Form der Kommunikation in sich auf, bei der sie an Selbstsicherheit gewinnen konnten, um Gefühle auszudrücken, ohne daran zu denken, dass es in einer fremden Kultur oder in einer Fremdsprache geschah. Das Erkennen und die Darstellung eigener Gefühle brachte sie dazu, diese in ihren Texten frei darzulegen. Demnach waren das Schreiben und die Korrektur der Texte kein bloßes grammatisches, syntaktisches Sprachenlernen mehr, denn sie hatten nun auch ein Sprachgefühl verinnerlicht. Mithin war es ihnen möglich, anhand von Schreib- und Theaterübungen erlebte Situationen in der Zweitsprache und Kultur in einem objektiven Kontext zu bearbeiten, damit konstruktiv umzugehen und zu inszenieren. Sie entwickelten dabei Autonomie, verloren die Scheu und konnten zuerst zu sich stehen, dann zum Team und anschließend vor dem Publikum. Der Sprach- und Theaterunterricht dient also meiner Ansicht nach nicht nur der Erhöhung der Sprachkompetenz, er fördert auch die Kreativität, Motivation und Stärke der Lernenden gegenüber ihrem sozialen Umfeld und errichtet zugleich eine feste Grundlage an Kompetenzen und Fähigkeiten, die sich vielfältig auf den gesamten Bereich der Bildung anwenden lässt."

Aus der zweitsprachlichen Unterrichtsperspektive nimmt meiner Meinung nach die Kombination zwischen Theaterspiel und Szenischem Schreiben innerhalb von Bildung eine essentielle Schlüsselrolle ein und verfügt über mehrere Kompetenzen wie Kreativität, Führungsstärke, Teamfähigkeit, was im normalen Deutschunterricht nicht erbracht werden kann. In den Integrationskursen können die Lernenden durch Theaterspiel und Szenisches Schreiben mit anderen sich Wissen aneignen, reflektieren und (re-)konstruieren, statt sich dieses nur anzueignen und wiederzugeben. Sie können die Sprache nicht nur durch Grammatik, Lesen, Hören, Schreiben und Sprechen lernen, sondern auch durch Dramaturgie und Inszenierung ihres persönlichen Theaterstücks. Somit setzen sich die Lernenden in Beziehung zur deutschen Sprache als Zweitsprache, vergleichen sie mit ihrer Muttersprache, analysieren gesellschaftliche Inhalte der deutschen Kultur, stellen Fragen zu ihrer Auffassung, ihrer Denkfähigkeit, ihren Gefühlen, ihren ästhetischen körperlichen Haltungen und einmaligen Biografien. Ein kreativer Theater- und Sprachunterricht in den Integrationskursen ist kein

Luxus am Rande, sondern eine essentielle Grundlage für Potenzialentwicklung der Lernenden und zukunftsorientierte Bildung.

Bezug zu Inhalten des lokalen Integrationsplans (LIP)

Die Unterrichtskombination zwischen Theaterspiel und Szenischem Schreiben in den Integrationskursen hat außerdem einen starken Bezug zu den Inhalten des Lokalen Integrationsplans (LIP) in der Landeshauptstadt Hannover, da er von Anfang an als zentrale Aufgabe die Förderung der deutschen Sprache hatte, um eine gute Bildung und Ausbildung der Integrationslerner zu ermöglichen. Hierdurch erhöhten sich ihre Arbeitsmarktchancen und dies gewährte ein selbstständiges Leben in Deutschland. Durch die Beteiligung verschiedener Akteure und Institutionen entstanden eine gute Verknüpfung von Theorie und Praxis sowie eine starke Netzwerkarbeit. Durch die Vernetzung erweiterte sich die Partizipation der Integrationslerner an den ihren potenziell zur Verfügung stehenden Möglichkeiten. Ihre kulturelle Pluralität sowie ihre interkulturelle Kompetenz wurden gelebt und weiterentwickelt. Somit wird ein besseres Zusammenleben in der Region Hannover sowie politische Teilhabe und Partizipation gewährleistet.

Amalia Sdroulia

6. Literaturverzeichnis

Apeltauer, Ernst/Senyildiz, Anastasia (2001): Lernen in mehrsprachigen Klassen – Sprachlernbiografien nutzen. Berlin: Cornelsen.

Bakali, Anna. P/Zografu-Tsaknaki, Maria/Kotopoulos, Triantafyllos H. (2013) (Hrsg.): Η δημιουργική γραφή στο νηπιαγωγείο (Das Kreative Schreiben im Kindergarten). Θεσσαλονίκη: Επίκεντρο.

Dreyer, Hilke/Schmidt, Richard (2000): Lehr- und Übungsbuch der deutschen Grammatik. München: Hueber.

Fillmore, Charles J. (1988): „The Mechanisms of Construction Grammar". In: Proceedings of the Berkeley Linguistic Society 14, 35-55.

Fuhrmann, Manfred (1994): Aristoteles. Poetik. Stuttgart: Philipp Reclam.

Gerngroß, Günter/Krenn, Wilfried/Puchta, Herbert (1999): Grammatik kreativ. Materialien für einen lernerzentrierten Grammatikunterricht. Berlin: Langenscheidt.

Goffman, Erving (2003): Wir alle spielen Theater. Die Selbstdarstellung im Alltag. München: Piper.

Goldberg, Adele A. (1995): Construction Grammar Approach to Argument Structure. Chicago and London: The University of Chicago Press.

Groft, William (2001): Radical Construction Grammar. Syntactic Theory in Typological Perspective. Oxford: Oxford University Press.

Handwerker, Brigitte (2008): Chunks und Konstruktionen. – Zur Integration von lerntheoretischem und grammatischem Ansatz. In: Estudios Filológicos Alemanes 15, 49-64. [http://amor.cms.huberlin.de/~h1326ejl/HandwerkerBrigitte_(2008)_Chunks_und_Konstruktionen.pdf]

Haslinger, Josef/Treichel, Hans-Ulrich (2006) (Hrsg.): Schreiben lernen – Schreiben lehren. Frankfurt am Main: Fischer.

Heimes, Silke (2014): Schreiben als Selbstcoaching. Göttingen: Vandenhoeck & Ruprecht.

Helbig, Gerhard (1992): „Wieviel Grammatik braucht der Mensch". In: Deutsch als Fremdsprache 29, 150-155.

Hess, Christiane (2017): Theater unterrichten – inszenieren – aufführen. Schritt für Schritt vom ersten Treffen bis zur Premierenfeier. Augsburg: Auer.

Hippe, Lorenz (2011): Und was kommt jetzt? Szenisches Schreiben in der theaterpädagogischen Praxis. Weinheim: Deutscher Theaterverlag.

6. Literaturverzeichnis

Lätsch, David (2011): Schreiben als Therapie? Eine psychologische Studie über das Heilsame in der literarischen Fiktion. Gießen: Psychosozial Verlag.

List, Volker (2012): Kursbuch Impro-Theater. Klett: Stuttgart.

Lucius-Hoene, Gabrielle/Deppermann, Arnulf (2004): Rekonstruktion narrativer Identität. Ein Arbeitsbuch zur Analyse narrativer Interviews. 2. Auflage. Wiesbaden: VS Verlag für Sozialwissenschaft.

Müller, Annette (2003): Deutsch als Zweitsprache in der Berufsausbildung. Sprachsoziologische Überlegungen, pädagogische Positionen und drei Bausteine zur Sprachförderung. Berlin: Artà.

Ortheil, Hanns-Josef (2012): Schreiben dicht am Leben. Notieren und Skizzieren. Berlin: Duden Verlag.

Plath, Maike (2014): Partizipativer Theaterunterricht mit Jugendlichen. Praxisnah neue Perspektiven entwickeln. Weinheim/Basel: Beltz.

Reetz, Gaby (2015): Theaterarbeit: Übungen, Spiele und Projektideen. Praxiserprobte Materialien für das Fach Darstellendes Spiel am Gymnasium. 5.-10. Klasse. Hamburg: Persen.

Reisyan, Patricia (2009): Aristoteles' „Poetik" und Bertolt Brechts „Die Dreigroschenoper": Ein Vergleich. München: Grin.

Rodari, Gianni (1994): Η γραμματική της φαντασίας (Grammatik der Phantasie). Αθήνα: Τεκμήριο.

Schreiter, Ina (2002): Schreibversuche. Kreatives Schreiben bei Lernen des Deutschen als Fremdsprache; Themenvorschläge, Arbeitsempfehlungen und viele authentische Beispiele für phantasievolle Texte. München: iudicium.

Stein, Sol (2011): Über das Schreiben. 5. Auflage. Frankfurt am Main: Zweitausendeins.

von Werder, Lutz/Schulte-Steinicke, Barbara/Schulte, Brigitte (2011): Die heilende Kraft des Schreibens. Ostfildern: Patmos.

Winnicot, Donald (2009): Το παιδί, το παιχνίδι και η πραγματικότητα (Das Kind, das Spiel und die Realität). Αθήνα: Καστανιώτης.

7. Mitwirkende im Buch

Das Schülerteam

Salim Salim ist 1997, in Shingal, Irak geboren. Er schloss die Schule 2014 mit dem Abitur ab. Seit 2015 lebt er mit seiner Familie in Hannover. Er lernt Deutsch und möchte Bauingenieurwesen studieren. Momentan bereitet er sich für die Aufnahmenprüfung der Universität vor. Er arbeitet ehrenamtlich als Dolmetscher für Arabisch, Kurdisch und Deutsch bei der AWO Region Hannover e.V.. Da er großes Interesse an ehrenamtlicher Hilfe hat, engagiert er sich in vielen Projekten mit Flüchtlingen, zum Beispiel „Aushilfe-Projekt", „Ordner-Projekt", „Deutsches Rotes Kreuz" und seit Kurzem wurde er Teil der Gruppe „UNICEF Hochschule Hannover. Er treibt Sport und liest gerne Bücher. Er möchte sich zukünftig bei einer Organisation für die Religionsfreiheit einsetzen.

Dalyer Omer Ezzat ist 1972 in Sulaimany, Irak, geboren. Sie schloss die Schule 1988 ab und machte im Anschluss eine Berufsausbildung als Elektrikerin. Danach war sie 1999 - 2003 als Sozialbeamtin tätig. Sie kam 2003 mit ihrem Mann nach Deutschland. Ein Jahr später bekam sie ihren Sohn. Sie nahm 2011 - 2013 am Programm „Rucksack" teil und bekam ein Diplom. Danach besuchte sie einen Deutschkurs und einen Orientierungskurs „Stark im Beruf" bei kargah e.V. Hannover. Sie möchte gerne eine Ausbildung als Bibliothekarin absolvieren. In ihrer Freizeit liest sie gerne Romane und hört Musik.

Rosa Hamo ist 1990 in Syrien, Durbassia, geboren. 2008 schloss sie ihr Abitur ab und studierte 2008 - 2014 Agraringenieurwissenschaften an der Damaskus Universität. Sie kam mit ihrer Familie 2015 nach Deutschland. Sie lernt momentan Deutsch und möchte sich im Bereich Pflanzenschutz spezialisieren. Sie würde gerne an der Universität lehren und forschen. Sie liest sehr gerne Bücher und schaut Dokumentar- und Aktionsfilme. Sie würde gerne eine Frauenklinik in Syrien bauen lassen, wenn sie Geld hätte, weil Frauen dort keine Fürsorge bekommen.

Zozan Ahmad ist 1992 in Hasaka, Syrien, geboren. Sie besuchte neun Jahre die Schule. Wegen des Krieges ging sie in die Türkei und arbeitete dort drei Jahre als Schneiderin. 2015 kam sie nach Deutschland und lernte Deutsch. 2016 war sie als Aushilfe in einer Zahnarztpraxis tätig. Seit Februar 2017 arbeitet sie ehrenamtlich bei einer staatlichen Organisation für Flüchtlinge in Seelze. Sie wird bald mit einer Ausbildung im Rathaus in Seelze beginnen. Ihre Muttersprache ist Kurdisch. Sie spricht auch Arabisch, Türkisch und Deutsch. Ihr macht es viel Spaß und Freude, anderen Menschen zu helfen.

Ahmad Hamo ist 1978 in Hasaka, Syrien geboren. Er besuchte zehn Jahre lang die Schule. 2001 zog er nach Damaskus und arbeitete dort zehn Jahre als Schneider. Wegen des Krieges kam er 2015 nach Deutschland. Er lernt seit einem Jahr Deutsch und möchte bald mit einer Ausbildung als Schneider beginnen. Seine Muttersprache ist Kurdisch. Er spricht auch Arabisch und Deutsch. In seiner Freizeit liest er gerne Krimis und Bücher über Politik und Geschichte. Er würde gerne in der Gesellschaft etwas bewirken. Unterdrückte Bevölkerungen sollten nicht benachteiligt, sondern gefördert werden. Es gibt Leute in Syrien, die sich in ihrer Muttersprache, Kurdisch, nicht ausdrücken dürfen. Er möchte sich politisch für solche Gruppen engagieren.

Sewar Ali ist 1993 geboren. Er ist Kurde aus Syrien und kann sowohl Arabisch als auch Kurdisch sprechen. 2011 absolvierte er das Abitur erfolgreich. Nach der Schule studierte er sechs Semester Jura an der Universität Aleppo. Wegen des Krieges war er gezwungen, sein Studium abzubrechen und Syrien zu verlassen. Er kam 2016 nach Deutschland. Seitdem lernt er die deutsche Sprache. Zurzeit arbeitet er als Aushilfe und möchte eine Ausbildung als Bankkaufmann absolvieren. Er spielt gerne Fußball.

Mahmoud Mahmoud ist 1992 in Aleppo, Syrien, geboren. 2009 absolvierte er sein Abitur und anschließend begann er mit einer Ausbildung als Zahntechniker, hat allerdings die Ausbildung wegen des Krieges nicht beendet. Dann lebte er drei Jahre in der Türkei. Seit zwei Jahren ist er in Deutschland, er lernte Deutsch und begann mit einer Ausbildung als Zahntechniker. Seine Hobbys sind Lesen, Schwimmen und Videoproduktion. Er hilft sehr gerne Menschen, die Hilfe brauchen.

Jihan Sif Habash ist 1990 in Syrien, in Aleppo, geboren. 2011 schloss sie die Schule ab und studierte ein Jahr Modedesign in Aleppo. 2013 reiste sie nach Deutschland und lernte ein Jahr lang Deutsch. Zurzeit studiert sie Arabistik/Islamwissenschaft und Geschichte in Göttingen. Ihre Muttersprachen sind Arabisch und Kurdisch. Sie zeichnet sehr gerne und treibt Sport in ihrer Freizeit. Ihr Wunsch ist, kranke Frauen, die an Krebs leiden, zu unterstützen. Sie möchte gerne Autorin werden und wissenschaftliche Bücher schreiben.

Mohammad Shikh Othman ist 1990 in Damaskus, Syrien, geboren. Er besuchte dort neun Jahre die Schule. Er war zwei Jahre lang beim Militär. Danach half er ein Jahr seinem Vater beim Handel. Wegen des Krieges kam er 2016 nach Deutschland. Seit einem Jahr lernt er Deutsch und möchte gerne eine Ausbildung als Koch absolvieren, weil er ein Restaurant eröffnen möchte. Er hat hier sechs Monate ein Praktikum als Bäcker gemacht. Seine Muttersprache ist Arabisch und er spricht auch Türkisch. Er ist engagiert beim Caritas Verband e.V. und kargah e.V. und hilft gerne Menschen, die Hilfe benötigen. Er wünsche sich, dass er Geld verdient, um Menschen in seiner Heimat zukünftig unterstützen zu können.

Mustafa Naif ist 1990 in Aleppo, Syrien, geboren. Er besuchte dort zwölf Jahre lang die Schule. Danach half er kranken Kindern, ehrenamtlich im Krankenhaus. 2007 - 2009 war er als Friseur tätig. 2010 - 2015 arbeitete er selbständig im Lebensmittelbereich. Seit 2015 lebt er in Deutschland. Er hilft der Diakonie als ehrenamtlicher Sprachmittler. In einer Grundschule unterstützt er gleichzeitig die Kinder beim Spielen und Sporttreiben. Er lernt Deutsch und möchte gerne eine Ausbildung als Erzieher machen. Seine Muttersprache ist Arabisch. In seiner Freizeit spielt er Eishockey und Billard.

Mayzer Dzhelil ist 1968 in Silistra, in Bulgarien, geboren. Sie schloss 1986 die Schule mit Abitur ab. Sie bekam ihren Sohn 1987 und ein Jahr später fing sie an, im kaufmännischen Bereich zu arbeiten. 1991 absolvierte sie eine Ausbildung als Erzieherin und war fünf Jahre lang in einem Kindergarten tätig. Dann kam ihre Tochter auf die Welt und sie hörte auf, zu arbeiten. Seit 2013 lebt sie mit ihrem Mann und ihren Kindern in Hannover. Sie lernt Deutsch und möchte nächstes Jahr mit einer Ausbildung als Kauffrau beginnen. Sie träumt davon, ein Haus für Kinder ohne Familie zu gründen.

Fotograf – Konstantinos Tsiompanidis

Konstantinos Tsiompanidis ist 1992 in Athen, Griechenland, geboren. Nachdem er 2009 das Gymnasium absolviert hatte, hat er neun Monate freiwilligen Wehrdienst in einem Krankenhaus in Athen gemacht. Er lebt seit 2015 in Hannover und lernt Deutsch. Seit 2010 ist er als freier Fotograf tätig. Er ist ein Träumer, da er das Beste bei den Menschen und in der Welt sieht. Er beschäftigt sich mit Fotografie, weil sie ihm die Möglichkeit gibt, die Welt immer wieder mit anderen Augen zu sehen. Künstlerisches Fotografieren ist ein Stück menschlichen Ausdrucks, der sich ständig ändert, solange wir uns entwickeln. Ihm erlaubt das Fotografieren, zu reisen und zu teilen, was er in seiner Umgebung beobachtet. Seine Tätigkeit als Fotograf fungiert als Kommunikationskanal in unterschiedlichen Kontexten. Kreativität ist seine Leidenschaft.

2017 machte er ein Praktikum im Bereich Marketing. Zurzeit bildet er sich als Fotograf weiter und hat vor, eine Fotografieausbildung in Deutschland zu absolvieren. Seine Muttersprache ist Griechisch. In seiner Freizeit beschäftigt er sich mit Poesie und Musik. Er würde gerne Kindern helfen, die an Krebs leiden.

Techniker/Kameramann – Abdoll Rahim Ghahramani

Abdoll Rahim Ghahramani ist 1979 in Khoy im Iran geboren. Er besuchte zwölf Jahre die Schule, dann machte er 1995 Abitur und studierte anschließend zwei Jahre an der Universität Wirtschaftswissenschaften. 1999-2007 absolvierte er eine Ausbildung in Teheran als Fernsehproduzent. Danach war er vier Jahre beim Fernsehen in Sulimania tätig. Seit 2013 lebt und arbeitet er in Deutschland. 2017 machte er ein Praktikum beim ZDF in Hannover. Er lernt momentan Deutsch und möchte gerne eine Ausbildung im Bereich Fernsehproduktion absolvieren. Seine Muttersprache ist Kurdisch. Er spricht außerdem Türkisch, Persisch, Deutsch und Englisch. Er spielt gerne Saz und singt. Er engagiert sich politisch und setzt sich für den Frieden ein.

Ehrenamtliche Helferin – Paola Bergmann Aranguren

Paola Bergmann Aranguren ist 1976 in Bogotá, Kolumbien geboren. 2006 schloß sie das Magisterstudium der Germanistik und Romanistik mit dem Schwerpunkt Interkulturelle Kommunikation an der Friedrich-Alexander-Universität Erlangen-Nürnberg ab. Schon während des Studiums und auch danach arbeitete sie als Projektmanagerin, Übersetzerin und Dolmetscherin bei der Fremdsprachendokumentation von Siemens und freiberuflich für andere großen Unternehmen. 2012 begann sie als Sprachdozentin für Englisch, Spanisch und Deutsch zu arbeiten und zertifizierte sich parallel als Projektmanagerin im sozialen Bereich. Seit 2015 widmet sie sich dem Bereich DAF/DAZ, dabei wirkte sie im Online-Projekt „Sprachliche Integration von Geflüchteten" in Zusammenarbeit mit Kiron, der Leuphana Universität Lüneburg und ICCA, Kolumbien. In ihrer Freizeit macht sie eine Yogaausbildung, mit der sie später Kinder unterrichten möchte. Außerdem würde sie gerne in naher Zukunft zur Bildung von benachteiligten Kindern in Entwicklungsländern beitragen.

Ehrenamtlicher Helfer – Dominik Pusback

Dominik Pusback ist 1988 in Großburgwedel, Deutschland geboren. Im Jahr 2011 absolvierte er seine Ausbildung als Kaufmann für Versicherungen und Finanzen und arbeitet seitdem als Angestellter eines Versicherungsunternehmens. Anschließend spezialisierte er sich als Underwriter für das Privatgeschäft. Zurzeit studiert er an der Hochschule für Oekonomie & Management das Studienfach BWL & Wirtschaftspsychologie mit dem Ziel, im Bereich Persönlichkeitsentwicklung und Beratung von Jugend- und Erwachsenenbildung in Unternehmen Fuß zu fassen. Privat interessiert er sich für die Musik und das Theater sowie für das Programmieren und Webdesign. Sein kulturelles Interesse wurde während des Erlernens der griechischen Sprache erweckt.

8. Weitere Publikationen im Tectum Verlag

Sdroulia, Amalia (2007): Frauen in der Politik. Spielregeln des politischen Geschäfts: Eine Untersuchung am Beispiel von Politikerinnen der Fraktion „Bündnis 90/Die Grünen" im Niedersächsischen Landtag.

Im deutschen Bundestag, in den Länderparlamenten und in den Regierungen sind Frauen immer noch unterrepräsentiert.

Geleitet von einem geschlechtersensibel theoretischen Zugang will die Autorin am Beispiel der Parlamentarierinnen im Niedersächsischen Landtag herausfinden, welche Bedeutung die vor fast zwei Jahrzehnten von den „Grünen" eingeführte Quote für die politische Partizipation und das Selbstverständnis von politisch aktiven Frauen hat. Erkenntnisleitend ist dabei die Frage, ob die Quotierung bloß traditionelle Einstellungen verdeckt, ohne grundsätzliche Benachteiligungen zu lösen oder ob sie tatsächlich zu einem Abbau von Barrieren im traditionell männlichen Bereich der Politik als Beruf geführt hat.

Methodisch basiert die Arbeit auf Interviews mit den sechs im Landtag Niedersachsens vertretenen Politikerinnen der Fraktion „Bündnis 90/Die Grünen" – ein Vorgehen, das angesichts der Fragestellung der Arbeit nach den Veränderungen im Selbstbild der Politikerinnen und ihren Chancen in der Parteilaufbahn gewählt ist. Gerade am Beispiel der „Grünen", die in der Beseitigung von geschlechtsbedingten Barrieren in der Politik eine Vorreiterrolle eingenommen haben, überraschen die noch vorhandenen „harten" Strukturen und Defizite. Die aus den Interviews mit den Politikerinnen hervorgehenden Erfahrungen dürften dabei nicht nur landesspezifischen Charakter haben.